# 아득하게 멀고 넓어서 끝이 없는

양기창

## 시인의 말

동경해 마지않던 지리십경을 평소 바쁘다는 핑계로 섭렵하지 못했던 아쉬움을 감옥에서 책으로 달랬다. 출소하자마자 지리십경 중 하나인 세석평전의 철쭉꽃을 보니 꿈인가 생시인가 몰랐다. 세석의 철쭉꽃은 고도가 높아 5월 말에 만개하니 정말로 제때 세석평전의 철쭉꽃을 보고 온 것이다. 지리산은 어디를 가나 역사가 기억하는 처절한 피맺힌 장소다.

왕복 12km, 8시간 산행은 무리한 산행이었다. 그러나 그때 아니면 볼 수 없는 세석 철쭉이었기 때문에 다소 무리를 했다. 지구 기후 위기와 한반도 평화 문제 또한 마찬가지이다. 지금 때를 놓치면 모두 다 낭패에 빠지게 된다. 이러한 것들을 시로, 문학 작품으로 형상화해야 하는데, 그러려면 때를 놓치지 말고 더 많은 정진을 해야 할 것이다.

2025년 가을
양기창

# 아득하게 멀고 넓어서 끝이 없는

## 차례

### 1부 옥중 수고

## 2부 자화상

**발문**

—김형수(시인)

# 1부
## 옥중 수고

## 그곳에 가고 싶다

비행기도 떠나보내고
배도 떠나보내는
시인으로 다시 돌아가려 했던 아침이었다
모락산 위로
연착륙하려는 김포공항의 비행기가
흡사 태양의 흑점에서 나오는 것 같았다

智異風雲當鴻動*
지리산에 풍운이 일어 기러기떼 흩어지니

빗점골에 가고 싶다
권총 두 자루와 한시漢詩가 적힌 수첩이
이현상 사령관 품에서 나온 날
반야봉에서는 오로라가 관측되고
흑점의 부화로 기러기떼 날아올라
벽소령에 뜬 초승달 향도 삼아 편대 비행을 한다

세상은 초승달 같아서

보이는 만큼 전부가 아니었는데

밀고 당기고 지리산이 일어나고

작용 반작용의 세포 분열로

청룡언월도靑龍偃月刀 모양의 손톱이 자라나고

창세기를 지나

빙하기를 지나

원시 시대에서 노예 시대 거쳐 왔지만

임노동과 자본의 계급 투쟁은 마무리되지 않았고

나의 사상의 거처는

마지막 분단으로 남은 한반도에서

허리 잘린 절규를 한다


비행기도 떠나보내는 여기는 안양

배도 떠나보내는 시인의 바다

햇빛의 각도에 따라 보였다

안 보였다 하는 쇠창살 너머 목련 나무

가지 끝마다 환하다

갇힌 내 손톱과 발톱에 옮겨 박혀 반짝이며

무엇을 구원하려 밝히는가
강철 새잎보다 찬란한 꽃망울
봄이면 탐스러운 함박꽃으로 피어나겠지
그 함박꽃 여름 지나도 지지 않는 그곳
지리산에 가고 싶다


*빗점골 이현상 사령관 품에서 나온 한시.

智異風雲當鴻動 지리풍운당홍동

伏劍千里南走越 복검천리남주월

一念何時非祖國 일념하시비조국

胸有萬甲心有血 흉유만갑심유혈

지리산에 풍운이 일어 기러기떼 흩어지고

검을 품고 남쪽 천 리 길을 달려왔구나

내 한시인들 조국을 잊은 적 있었던가

가슴에는 철의 각오, 심장에는 끓는 피 있네

## 나목裸木

약한 바람결에도 파들거리는
저 나무는 분명 사시나무였겠다
삭풍에 우듬지 새집의 존재 드러나고
새끼 새들 있는지 없는지
높은 곳에서 천상의 눈을
낮은 곳에서 지상의 눈물을
다 품고 있는 나무
무슨 죄를 지었길래
이파리 다 떨어져 가지만 앙상히 남아
떨었겠으나
잠시 만월滿月도 궁둥이를 얹혀 대고 가는 우듬지에
깃들이는 새 한 마리

# 한국인의 밥상

독방 징역살이에서의 곤욕은 뭐니 뭐니 해도
TV* 방영되는 제철 음식 프로그램 볼 때가 아닌가
싶다
'한국인의 밥상'
그동안 많은 밥상을 받아 왔던
탤런트 최불암 씨는 어느새 노인이 되어
걸음걸이도 시원찮고 목소리도 어눌하다
세상 부질없어 보이지만 존경스럽다
오늘 방송은 청국장 뜨는 저녁과
손두부 만드는 새벽이 흘러간다
구색 맞춤으로 등장한 메밀 반죽에
김치 두세 가닥 올려붙인 소박함이 눈물겹다
눈시울이 붉어지는 건 뒤늦은 후회일까
어머니 김치 생각이 나
괴로울 고苦, 즐거울 락樂, 불고불락不苦不樂
탐할 탐貪, 불탐不貪
백팔 같은 번뇌일지니
과거와 현재와 미래가 풀어져,

김칫소를 버무리는 어머니

억장 무너져도

매일 정화수 떠 놓고

감옥살이 아들의 무사 기원을 빌고 계실 거다

*교도소에는 혼거방이든 독방이든 TV가 설치되어 있다. 시청 시
 간은 오전 9시 30분부터 오후 9시이다. 채널은 4개로 KBS1, MBC,
 SBS, EBS 정규방송과 오후 4시부터 7시 사이 재방송을 포함한
 교정 방송을 시청한다.

# 별이 이끄는 대로

그때부터였겠다
새벽녘 우연히 보았던 삼각형 꼭짓점
그 별을 보고 나서는
그 별이 이끄는 대로 나아가고자 했다
광양 바다 제철소 굴뚝 위
회색 하늘 속으로 뿜어져 오르는 하얀
그 별 위로 빛나는 달과 금성과 목성
몇십 년 만에 만난다는 트라이앵글을 보면서
무엇을 다짐했던가
분단된 조국을 위해서
자본주의 사회 노조 간부로서
가장으로서 커 가는 아이들을 위해
시詩답지 않는 질문들을 삼각형 안에 던져 보았는데
십 년이 지나고 이십 년이 지나도
오늘 밤 안양교도소 흐린 천장
별은 보이지 않는데
자꾸 별이 이끄는 대로 가고자만 하는가
동백림 사건으로 수형 생활을 하였던 이응노 화백

교도소 안에서 대나무를 그리고
'고암顧庵'이라는 호를 적어 넣으셨다
돌아볼 고顧, 암자 암庵
나는 오늘 밤 삼각형 안에
던져 놓은 꿈들을 다시 돌아본다
그리고 석 삼三, 별 진辰
'삼진三辰'이라는 호를 스스로 내려 본다
별이 이끄는 대로
트라이앵글 안에 넣어 본다
내 꿈
내 포부
맑은 소리가 난다

# 다시 이명

두 손 오므려 닫는 귀
겨울이 시려
의식하면 반드시 찾아오는
소라고동 속 파랑보다 더 빠른 이명의 주파수를 헤아
려 보는데
도저히 측정되지 않는
설날 아침의 n 헤르츠*
교도소 떡국 먹을 때는 멈춰 있었던 것 같아
그 주파수 의식하니 다시 살아나
매미 소리보다 훨씬 더 적은 간격으로 울린다
아니 들린다
아니 울린다
아니 모르겠다
두 손을 오므려 닫는 귀
제발, 하고 뒹굴어 보는데
독방의 풍경은
헤르츠, 주파수, 사이클
찌~~~~~~~~~~

파도처 오는 해파랑이 되었다가
사그라졌다가, 커졌다가
다시 초여드레 조금으로 잦아들 것 같은
설날 아침 측정해 보는 내 이명은
몇 헤르츠일까

* 1초 동안 일어난 n회의 파동(음파나 전자파 따위)을 n 헤르츠로
  나타낸다.

# 나의 살던 고향은

우수 지나 경칩으로 달려가는 절기의
감옥 TV 뉴스는
흐드러지는 홍매화를 보도하는데 나는 오늘
봄날 오성*을 노닐던 다산茶山 시구절을 본다

소태동 은어가 등장하는
「춘일오성잡시春日烏城雜詩」 첫머리

蘇台谷口小溪長 소태곡구소계장
白白銀魚數寸强 백백은어수촌강
소태동 골짜기 어귀 작은 시내 흐르니
희디흰 은어 떼들 두세 치가 넘는구나

놀라워라
지금은 상상할 수 없는 동네 풍경
강은 무등산 중머리재 약수터에서 발원해
너릿재 아래를 끼고 돌아 소태동으로 흘러
광주천에서 은어 찾는 학 날아다녔다

나의 살던 고향은 학동鶴洞

은어는 삼거리에서 잘 헤어졌을까
한 무리는 황룡강 지나 내장산 사자봉 아래
남창 계곡으로 잘 갔을까
또 한 무리는 추월산 지나
가막골 용소에 잘 도착했을까

비 오는 날 뽕뽕다리 밑에서 소꿉장난할 적
어쩌다 네잎클로버라도 발견하면
세상 다 가진 것처럼 기뻐하던 광주천
멱 감고 물장구치던 시절이 그립다
영산강 하구언이 막히던 날
고향의 향수들은 하나씩 하나씩 지워졌지만
책 속에서라도 다산을 만나고
오성을 만나고 은어를 만나고
소태동과 나의 살던 고향 학동을 소환할 수 있어서
오늘 밤에는 행복한 꿈을 꿀 수 있겠다


* 오성烏城은 화순의 옛 이름이다.

# 노란 명찰

예전에는 빨간 명찰도 있었다지
사형수와 빨갱이에게 붙였다지
나는 하얀 명찰, 이따금 파란 명찰과 노란 명찰이 보
인다
6번 방 하얀 명찰 닭띠 동생이 운동 때 잘 설명해
준다
파란 명찰은 마약 사범
노란 명찰은 조폭—나에게 더 살갑게 다가온다—내
아들보다 더 어린 20대 노란 명찰이 출소하면 소주 한잔
하잔다—그러자고 했다
굴신屈伸, 인사하지 말라고 소리도 내지르고 벽보에
붙이기까지 해도 90도 넘게 더 깍듯이 인사를 한다


『냇물아 흘러 흘러 어디로 가니』
신영복 선생님의 책이 전해져 왔다
37번 방 노란 명찰—양띠, 나보다 한 살 많음—이 보
내왔다
읽을 책을 좀 달라고 해서 김민환의 장편 소설『등대』

를 줬더니 답례로 제 책을 보내온 것이다―신영복 선생
님의 책들을 더 주문해 놓았단다

　소안도 항일 투쟁『등대』를 읽더니 좋다고, 잘 읽었다
는 노란 명찰

　다음에는 어떤 책을 줘야 하나

　책 표지 쇠귀 글씨 색이 분명 하얀색이었는데

　노란색이 되었다가

　어느새 빨간색으로 바뀌었다

　공교롭게도 3·1절 아침에


　"냇물아 흘러 흘러 어디로 가니

　강물 따라가고 싶어 강으로 간다

　강물아 흘러 흘러 어디로 가니

　넓은 세상 보고 싶어 바다로 간다"

## 목련 너마저

가고 싶다

낮과 밤의 길이가 같다는 춘분을 지나니
꽃봉오리가 살짝이 벌어지기 시작한다
봄이다
얼마 지나지 않아 함박꽃으로 피어나겠지
그 함박꽃
여름 지나도 지지 않는

지리산

# 봄동김치

학동 팔거리의 동네는 온통 미로다
외지인이 잘못 들어오는 날이면 출구를 못 찾아
온종일 헤맬 수밖에 없는 곳
샘이 있고 샘을 중심으로 팔거리가 연결된 곳
샘이 네 개나 있어
어머니는 한순간도 긴장의 끈을 놓지 않으셨다
1987년 말 대통령 선거 무효화 투쟁에 나선
시민들 속 동네 청년들 따라
백골단에 꽃병과 짱돌로 맞섰던 아들 행방 찾아
팔거리 전부를 수소문해 찾아오신 어머니
막은 내려지고 새로운 활로를 찾아 나선 청년들
느닷없는 어머니 방문에 놀란다
어머니 손에 들린 정월 대보름 찰밥과 나물들
다른 말씀은 안 하시고 다치지 말라며
아들 얼굴 확인하고 돌아가셨던 어머니
그해 봄이 시작되자
다시 두 손 무겁게 팔거리를 찾아오셨다
마쪼꼬바 시다*로 출근하는 아들 좋아하는 것이라며

마른반찬이며 봄동김치를 담아 오셨다

37년이 지나
이번에는 막내 여동생이 편지로
어머니의 봄동김치를 보내왔다

"자식들 먹으라고 또 뭔 김치를 종류별로 담았는
지…
이제 엄마가 담은 김치가 그리 반갑지 않습니다
얼굴은 쑥 빠져서 힘은 갈수록 없어지는데
자꾸 힘들게 김치를 담그시니…
본인 몸만 생각하며 편히 지내시라 해도 절대로 말을
듣지 않습니다
그래도 가져온 김치로 여전한 손맛을 보았습니다
봄이라고 미나리김치 파김치 봄동나박김치 배추김치
흰밥만 있으면 다른 반찬 필요 없는 거 아시죠?
아마 김치 맛도 입안에 맴돌 듯합니다"

그렇지 않아도 어머님께

봄동 요리를 해 주고자 메모를 해 놨다

봄동조개살초무침 봄동겉절이 봄동된장국 봄동
전…

건강한 얼굴로 하루빨리 뵙겠습니다

어머니

* 철공소 보조.

# 번지 없는 주막

용봉천 흘러 광주천으로 가는 합수머리에는
무등경기장 야구장이 있지
프로야구 해태 타이거즈 경기가 벌어지는 날이면
종종 관람석이 매진돼 발길을 돌리곤 했던
기억 속에서나
추억의 앨범 속에서나 얼핏 엿보인
번지 없는 주막이 펼쳐졌지

그러니까 2025년 3월 30일 기아 타이거즈가
한화 이글스를 이긴 날
오랜만에 감옥 TV로 응원하면서
경기가 끝나고 한달음에 달려갈 경기장 정문 건너
포장마차, 번지 없는 주막을 그리워했지

1989년 벚꽃 길 따라 출근했던 자동차 부품공장
프레스 절단 절곡 용접 사상 작업으로
자동차 벤틸레이터와 하우징 만들었던 매일
매일 이어지는 반복의 노동
아침 8시 30분 시작해서 잔업까지

밤 9시 30분 공장에서 출발하는 통근 버스에
몸 실으면 녹초가 되어 버린 매일
매일 참새 방앗간처럼 들렀다 가는 곳이 있었지
장시간 노동과 저임금을 토로吐露하고 핏대를 세우
다가
연거푸 술과 안주를 거듭 추가하는
때마침 주인 아들도 육친 같은 선배여서
다니던 대학교 잠시 접고 노동운동에 투신한다고
기웃거렸는데, 그 속사정을 아는지 모르는지
나를 막내아들 대하듯
수북하게 담은 안주 접시를 마냥 내주던 번지 없는
주막
어머니의 치부책


한 접시에 5,000원
꼼장어나 연탄 불고기는 적당히, 닭발이나 닭똥집은
좀 더 많게
계산할 때는

소주 몇 병 맥주 몇 병 접시 몇 개
외상 달아 대충 적어 놓고 월급날 계산하던
내 젊은 노동자의 한 페이지
번지 없는 주막이 그리워졌지 그렇게

함박눈 내렸던 날도 있었지
노동조합을 만들었다는 이유만으로
인생 첫 해고가 된 그해 겨울
김남주 시인 석방 환영과 송년의 밤에서
'광주자동차부품노동조합' 깃발을 들고
붉은 청춘의 존재감을 마음껏 과시하고 찾아가선
노동과 투쟁, 술잔과 꼼장어 안주의 뒤풀이가
바로 엊그제인 양 주마등같이 스쳐 가는
번지 없는 주막
내 생의 바탕이 되고 힘이 되는

# 춘분 지나

마당귀 심어 놓은 물앵두나무에 꽃이 터졌을까
이맘때였던 것 같은데 가늠이 되지 않는다
춘분이 지나서였던 것 같은데
청명까지는 아니었어
괜한 꽃 터지는 걱정을 하고 있던 독방
오늘따라 저기압으로 방 안 공기가 많이 눌린다
눌리면 눌릴수록 압축이나 되겠지만
팽창의 성질은 어디 갈 것이냐
반드시 "빵" 하고 터질 것이다
물앵두꽃 터지듯이는 아니겠지만

# 2025 청명*

나주 선영에는 진달래꽃 피었겠지
지구 기후 위기로 산불 위험 최고조의 날을 피해
한식 시제를 옮겨야 할 터인데
간힌 피해망상까지 겹쳐
유세차, 단군 할아버지 한숨을 내쉬었다

'한식에 죽으나 청명에 죽으나'
한식과 청명이 하루 사이여서
하루 먼저 죽으나 늦게 죽으나
큰 의미를 두지 않겠다는 옛말
거스르고자 하는 춘일, 하루하루를
가슴 태우며 탄핵의 날을 얼마나 기다려 왔던가

감옥 화장실 창문을 통해
솔잎 사이로 투영된 봉송髮鬆한 빛이 들어오고
인적이 끊긴 복도 창문에는
활짝 핀 목련꽃 하늘이 맑고 깨끗하다

청맹과니 물리친 청명한 날이다

* 2025년 4월 4일은 24절기의 하나인 청명이었다. 그리고 이날은
  윤석열이 대통령에서 파면된 탄핵 선고일이었다.

# 감옥 가르마

가르마를 탄다
이마에서 정수리까지 머리카락 갈라 빗어
골을 만든다
그러면 내 머리를 떠나지 않는 독수리가 난다
손바닥만 한 거울에 비치는 수가 여럿이다
날갯짓을
거의 하지 않는 독수리들
왜 떠나지 않는 것일까
상승 기류가 생기지 않는 바다
독수리는 바다를 건너지 못한다
먼 북방의
몽골고원에서 태어나 월동하러 날아온
독수리들, 한반도 태백산맥 끝자락에 갇혀 빚은
나의 머리 골짜기
바람결 타고 유영遊泳하는 독수리들
이제 다시 고향으로 떠나는가, 봄이다

따라가고 싶다

# 봄비

낙숫물 소리가 들린다
서로 결이 다른,
묘한 안 어울림으로 튕겨진다
피리소리 해금소리 장구소리 징소리 북소리
모두 품은 시나위의 봄밤
봄비 맞으며 무희巫姬는 춤을 멈추지 않는다
요령까지 안 어울림 박자에
묘한 봄밤은 시나위로 젖어 가고
추적추적 봄비는 내리고
묶인 몸 맺힌 가슴에 핀
하얀 민들레꽃에 튕겨진 물방울
나는 또 무얼 그리워하나?

## 안양암安養庵에서 맞는 새벽

공양간 고양이들 앙칼지게 다투는 소리
불사의 시작을 알리는 노승의 죽비 소리

세상을 구원하려 하느냐
......
세상을 어떻게 구원하려 하느냐
......
역사를 되돌릴 수는 없지만 복기復棋할 수는 있는 것
아니냐

저 멀리 속세의 닭 홰치는 소리
산사의 종소리 해맑다

# 콩가루채소된장국

안양교도소 「4월 수용자 식단 차림표」
월 화 수 목 금 토 일
아침 점심 저녁
21개 식단 가운데 유독 눈에 띄는 메뉴가 있다
수요일 점심 국거리 '콩가루채소된장국'
2025년 4월은 수요일이 다섯 번이어서
어제로 네 번째 콩가루채소된장국을 먹었다
채소라 해 봐야 쑥 향이 좀 나는 것 같았지만
보이지는 않고 멀건 국물이 전부인데
그래도 콩가루 냄새는 나는 것 같고,
전라도에서는 먹어 보지 못한 음식이어서
원래는 어떤 맛일까, 궁금했다
누구한테 물어볼 수도 없고
인터넷으로 찾아볼 수도 없던 차에
목요일 TV <한국인의 밥상>에서 답을 찾았다
봉화 산골에서 '봄나물콩가루된장국'을 끓이는데
산골이어서 고기가 귀하다 보니
데친 봄나물을 콩가루에 버무려서 된장국에 넣고 있

었다
　　금속노조 사무실이 있는 서울로 파견 나가 생활할 때
　　룸메이트였던 포항 형님이 속풀이하라고
　　아침 해장국을 끓였는데, 헉, '들깨 미역국'
　　처음에는 숟가락 갖다 대지도 못했는데
　　지금은 가끔씩 생각난다
　　콩가루채소된장국이든 봄나물콩가루된장국이든
　　꼭 끓여 먹어 봐야겠다

# 감사합니다


人而無禮 인이무례
胡不遄死 호불천사
사람으로 예의가 없으면서
어찌 빨리 죽지 않는가


시경詩經에는 이렇듯 무섭게 말하는 대목도 있다
시 공부하는 마음으로 비우고 비워서
시경을 다시 들여다본다


須定雲止水中 수정운지수중
有鳶飛魚躍氣象 유연비어약기상
모름지기 멈추어 있는 구름이나 잔잔한 물과 같은 경
지에서도
솔개 날고 물고기 뛰노는 기상이 있어야 하나니


어쩌다 감옥 생활을 하게 되어
하루 종일 시 공부하는 시간을 갖게 되었으니
누구에게 감사의 인사를 드려야 하나
원 없이 시 공부하게 되어 감사합니다

## 오월 비

추적추적 내리는 빗소리에 깨어
시를 쓴다
냉기 어린 독방 바닥
퇴행성 디스크로 구부러진 허리가 활시위처럼 팽팽
히 당겨진다
내란 세력의 망월동 참배를
광주 시민들이 막았다는 뉴스를 어젯밤 접하면서
잠이 들었는데 눈물을 얼마나 흘렸는지
비련의 비를 맞고 있었다
하루하루 감옥의 벽을 핥고 가는
바람의 기운을 느낄 때가 많아서인가
시간이 가지 않은 것 같았는데, 세월은 나도 모르게
멀리 와 버렸다
엊그제 첫눈이 내린 것 같았는데, 벌써 아카시아꽃
피는 오월이라니
이 비가 그치면 사람들 맑아지겠지
꽃 풍경 소리, 세상은 더 밝아지겠지
생그러운 정화수로 씻겨 내려가

이팝나무 꽃 핀 가로수를 지나 망월동 가면
오월을 노래한 내 시가 활짝 웃음을 띠고
기다리고 있을 거야

# 모락산 아래에서

안양교도소 운동장 위로 모락산이 보인다

실패한 쿠데타의 주말을 지나
남쪽 동네 사람들이 소식을 전해 왔다
잘 지내고 있으라고
잘 이겨 내라고
여기는 우리가 반드시 지켜 내겠노라고
전라남도 담양군 대덕면 운산리
구름 운雲에 메 산山,
구름산 사람들이 전해 왔다

오늘도 살기 위해서 걷다가 뛰다가
운동장을 돌고 돈다
항소심에서 더 좋은 결과를 갖고
하루빨리 달려가겠노라고
마을 회관 운산정에서
집 앞 개울 건너 송산정까지
뛰다가 걷다가 하늘을 본다

사모할 모慕에 서울 락洛,

안양교도소 운동장 위로 모락산이 보인다

# 항쟁의 불씨
— 김형수의 『신영일 평전』을 읽고

## 들불

"들불이 동학 혁명을 상징하는 낱말인 건 다 알죠? 그래서 들불야학의 이름은 들불처럼 번진 동학 혁명이 우리 노동자들의 가슴에서 타올라야 한다는 뜻을 담고 있어요." 박기순 누나의 이야기에 노래로 화답했다. "너희는 새벽이다/심지에 불을 댕기고 앞서 나가자/땀과 눈물 삼켜 가면서/친구, 사랑하는 친구, 들불이 되어"

예수의 가시 면류관은 무엇으로 만들어졌는가?
일시에 피범벅 만들어 버리는
꽃기린 가시 줄기 그 이름도
Crown of Thorns
희생으로 민중을 구원하든
열망으로 노동자 해방 세상을 만들어 가든,
하도 가난해서 꽃도 새도 들지 않는 동네
광주천이 검게 흐르는
광천동 성당 가는 길에, 나는

예수와 들불야학을 떠올리며
새벽녘 저 멀리 동방의 불빛을 바라본다
초승달 아래 샛별 하나
꽃기린, 박기순 누나가
기린의 꽃을 피워 내고 있었다


## 사슬

윤상원 형을 불러 본다. M16 총탄과 헬리콥터 기총 사격으로 짓이겨진 오월 광주의 수천의 그 붉은 피, 도청 앞 분수대에서의 함성, 동백꽃보다 더 진하게 피어나는 그대, 모순이 만들어 낸 것 같은 착취의 철퇴, 반제 반파쇼 민족해방 투쟁으로 당당하게 맞서 싸우다 부서진 그대를 불러 본다.

나를 얽매인 사슬이 있다
아, 끊어 버리려고 발버둥 치지만

나의 심장 속까지 조여 오는 사슬이여

사슬은 분명 형체가 없지 않았다
내가 한순간 내 양심에 비추어 행동하지 않은 그
날 밤
그대는 분명 나의 목을 조여 왔다
압박하여 나의 두 팔을 꼬아 잡아당겨
조여 오는 사슬에 살갗이 좀먹어 터지고 있는 나는
솔직히 나는 두려워서 떨고 있는가
심장 속까지 조여 오는 사슬이여
사슬이여

윤상원 형,
그대 어디 가는가


## 나팔꽃 투쟁

일제가 독립운동가들을 대상으로 생체 실험을 하느라 나팔꽃씨를 먹게 했는데, 나팔꽃씨는 복용 횟수가 늘고 다량으로 섭취하게 되면 신체가 무기력해지고 시들시들해지는 성분을 함유하고 있다. 감옥에서 박관현 형과 내가 먹는 밥에 정체 모를 알갱이가 섞여 있는데, 아무리 봐도 나팔꽃씨였다.

머리를 쥐어뜯어 봤자 소용없는 일
해는 져서 어둠이 깔리고
또, 사슬의 무게는 더없이 무겁고 고통스러워지는데
나팔꽃도 꽃잎을 오므리고 내일을 준비하고 있는데
이 사슬의 고리를 어떻게 끊어야 하나
적과 아를 분명히 구분하고 동지를 믿어야 하는데
번민과 갈등만 증폭되는 외로운 밤이여
책임질 문제는 책임지자는 원칙의 칼만 갈다가
사슬에 얽매어 자기 비판하는 이 밤에
함께 단식 투쟁했던 박관현 형과
조직과 동지들을 떠올리며

거친 호흡에서 긴 호흡으로
어느새
사슬에 얽매인 나팔꽃이 되고 있었다
내일을 준비하는 나팔꽃 사슬이 되고 있었다


## 항쟁


폭동과 항쟁의 차이는 무엇인가? 집단적 폭력 행위로
안녕과 질서를 어지럽게 하는 일을 폭동이라 하고, 상대
에 맞서 싸우는 것을 항쟁이라고 국어사전에서는 정리
하고 있다. 1986년 3월 30일 개헌 추진 현판식 광주 투쟁,
4월 5일 대구 투쟁, 인천 5·3항쟁에서 신영일은 1987년 6
월 항쟁의 불씨가 되었다.

부마항쟁은 김주열 시신이 마산 앞바다에 떠오르면서
광주민중항쟁도 공수 부대가 광주 시민을 학살하면서
6월 항쟁도 박종철 사인이 밝혀지면서

항쟁은 걷잡을 수 없는 들불이었다
일시에 해방구로 만들어 버린 항쟁은
피를 먹고 자라는 민주주의 접점이었다
그래, 오늘 이 자리
장송곡 가락은 저리 가라 하고
해방의 노래를 부르자 하네

쌓이고 쌓이면, 잘못 쌓이면 적폐가 되지만
쌓이고 쌓이면, 양질의 전환 법칙에 따라
반드시 바뀐다, 바뀔 것이라 확신하고
전진하는 동지들이여
적수천석滴水穿石이라고
더 나아가 보자
자주, 통일, 민중이 주인 되는 그날까지
모두가 모여 어깨 걸고
낙숫물로 댓돌을 뚫는 그날까지

# 2부
## 자화상

# 자화상1
―습설濕雪의 낭패

  안양교도소 1동과 3동 사이 비둘기 안식처의 나뭇가지가 밤새 내린 눈의 무게를 지탱하지 못하고 몇 개 부러졌다.

  낯익은 나무는 아니었다.
  별사탕 모양의 열매가 보이는데 무슨 나무일까?

  오래된 감옥이라고 내심 걱정했던 어제들이 쌓이고 쌓여 입소한 지 스무날 지나 11월 말에 내리는 첫눈, 습설의 폭격이었다.

  밤 열한 시, 그렇게 막차는 떠날 준비를 하고, 가을비가 내렸다.
  분명 비가 내렸었다.

  밤새 보초를 선 감시등은 변화하는 접점을 놓치지 않으려 했지만 역부족이었던가.

아침 여섯 시, 옆방 곤하게 코 고는 소리에 맞춰 새벽 내 쌓인 눈 위로 다시 눈이 내린다.

기상나팔 소리에 맞춰 눈이 내린다.


눈이 내린다.

빛바랜 적색 단풍잎마저 미처 지지 못했는데도 온통 은세계로 뒤덮어 버린 당혹함을 곰곰이 반추反芻해 본다.

국보國保가 되어 이리 랑狼

수인囚人이 되어 이리 패狽

여섯 걸음 독방에 갇힌 인간이 이리의 시간으로 돌아가고 있다.

# 자화상 2
―쿠데타의 밤


처음에는 함치르르했다
깨끗하고 윤이 반들반들 나는 모양
흠치르르 하면서 템포가 올라갔다

그러더니 살천스레 했다
쌀쌀하고 매서운 게, 그렇게
마지막이 아니었다

자닝하였다
참혹하여 차마 볼 수 없었다
자닝스럽게 효수梟首된 녹두의 얼굴을…

쿠데타의 밤은 깊어 가고
독방에서 악몽을 꾸다가
악몽 속에서 다시 독방에 갇히고

## 자화상3

먹다 남은 귤껍질 오려 벽에 붙인다
오늘은 ♡
어제는 ✺
그제는 ☆
내가 그리는 자화상 배경은 바람벽
날마다 소등되지 않아
심장과 꽃과 별이 더욱 말라비틀어져 가는
그래서 더욱 질감이 생생히 느껴지는
온통 염세주의와 욕설이 난무하는 벽 속에서
그래서 더욱 밝게 빛나는
내가 수놓은 심장과 꽃과 별을 배경으로
나를 그려 보고 싶다
여기는 안양 1하10
자화상은 1640

# 자화상4

희한한 일이다.

잡혀서 겨울을 보내다 보니 세속의 때가 벗겨지는 것인가.

손끝, 정확하게 양쪽 엄지손가락 끝과 양쪽 발뒤꿈치 끝이 미세하게 갈라져 통증을 동반해 온다.

입술 주변은 보도사도 못 하게 찢어지고 진물이 난다.

아마도 갇히기 전 욕심으로 채워 넣었던 술과 담배의 여독이 아닌지 의심스럽다.

자화상을 그리려는데 손과 발은 어떻게 감춰지겠는데 얼굴은 어떻게 해야 하나?

봄을 기다려야 하나?

아니면 상처를 보듬어야 하나, 말아야 하나?

보초등 환한 옥창 너머 새해 첫눈이 내린다.

올겨울은 유난히도 슬픈 눈이 계속 내린다.

눈물을 머금은 눈, 그래서 쿠데타의 밤을 아직도 제압하지 못해 슬픈 습설만 펑펑 내리는가.

엉망이 된 얼굴은 도화지에 갇힌다.

갇힌 도화지 하얀 방 흰 바람벽이 되어 눈을 맞는다.

미완성 자화상에 눈이 내린다.

# 자화상5

장욱진(1919~1990)은 자신의 〈자화상〉을 두고 이렇게
말했다

"이 그림은 대자연의 완전 고독 속에 있는 자신을 발
견한 그때의 내 모습이다. 하늘에 오색구름이 찬양하고
좌우로는 자연 속에 나 홀로 걸어오고 있지만, 공중에선
새들이 나를 따르고 길에는 강아지가 나를 따른다. 완
전한 고독은 외롭지 않다."

—『화랑』1979년 여름호

독방에서 길을 잃고 길을 찾는 이여
완전한 고독은 외롭지 않다, 하는가

아침 점심 저녁 때 되면 "배식" 하고 외치는
사소*의 밥 주는 소리
오전 오후 "식수" 하고 외치는
사소의 물 주는 소리

독방 배식통으로 밥과 물을 받는
외롭지 않은 나의 자화상이여

*사동 청소부. 재판이 끝나 징역형을 받은 기결수 가운데 선발해
서 구치소나 교도소 각 사동 청소부 역할을 하는 재소자를 부르
는 용어인데, 예전에는 일본말이 섞여 '소지'라고 했다.

# 자화상6

갈맷빛은 짙은 초록빛이라
자화상 배경으로 제격이려나

거망빛은 매우 검붉은 빛깔이라
짙은 적갈색 속마음을 채워주려나

이번 자화상은 회색분자에 맞선 추상화
갈맷빛과 거망빛 경계에서 분탕질하는

## 자화상7

상상하는 것은
미지의 세상을 보는 것만이 아니다
상상하는 것은
회상하는 것이 동반되었으면 좋겠다

작업복과 얼굴의 변천사를
다 담아내지 못했던 그때 그
이십 대 도장공 시절
빠데를 입히고 샌딩기로 갈아 내고
도색을 하던 총잡이 성배는
IMF 이후 자동차 회사를 그만두고
지금은 어디서 무엇을 할까
연탄불에 올려진 기름기 많은 돼지고기
익기도 전에 막소주 한 잔으로
어용 노조 씹어 대던 호기롭던 그때 그
얼굴 그리면 이도 자화상인가
늦지 않게 그려 보자
내 젊은 날의 초상

참 거침없이 살아왔던 우리
노동과 투쟁이 있어 펼쳐지는 파노라마

언제나 크로스백 비스듬히 메고
선전 선동을 하면
그 가방 안에 무엇이 들어 있는지
죄다 궁금해했었지
노무과에서 호시탐탐 노렸다는 것을 알면서도
임투 선봉대장의 계급장이 되어 버렸지
젊은 날의 초상, 제목은…
　　　―「자화상―크로스백을 메고 선동하는 선봉대장」

지금도 피어나는 오월의 장미가
젊은 날에도 신新공장 울타리에 피어 있었지
신공장 노동자들 노동조합으로 모여들지 않고
추천인 가족에게 감시받으며 일하는
말도 안 되는 현실에서 눈뜨게 하자
첫새벽, 호소하는 선전물

크로스백에 담아 장미 넝쿨 담장을 넘는다
우라질~ 평소에 졸던 경비
그날따라 핏발 세운 눈으로 뛰어나와
크로스백을 잡는다, 노무과 비상 걸려
크로스백 빼앗으려 빼앗기지 않으려
장미 넝쿨 담장에 엉키고 섞이고 난장 펴던
나의 젊은 날의 초상이여, 이 제목은…
　　　　　　　　　―「자화상–장미꽃과 당혹스러운 나」

'새벽'이었다
'돌풍'이었다
가난한 젊은이들의 소망은 작은 것 같았지만
결코 작지 않았다
민주노조를 갈망하는 선전물 제호는
《새벽》으로《돌풍》으로
선봉대들 주노야독晝勞夜讀으로 모여들어
노조민주화추진위원회 '새벽을 여는 사람들'로 태어
나고

노동법 들고 불길에 휩싸인 전태일
"내가 전태일이다"
작업복에 머리띠 묶고
북과 북채 들고 둥둥
진군하는 함성이 가슴팍에 새겨진다
젊은 날의 초상, 제목은…

―「자화상―진군하는 새벽」


전자 노조와 자동차 노조 처녀 총각 노동자들의 연
합 수련회
　치열한 교육과 토론은 민주노조 건설을 넘어선 거대
한 파도
　지역 연대와 전국 연대 깃발이 올랐다
　노총 민주화도 민주정부 수립도
　선전하고 조직해서 투쟁으로 돌파해 보는 거야
　주암댐 수몰지구에서는 벗어났지만
　결국 폐교로 전락해 버린 곳의 반딧불이와
　캠프파이어 불길에 이글거리는

눈동자로 해방 춤을 춘다
어깨동무하면서 동지가를 부른다
젊은 날의 초상, 제목은…

　　　　　　　　　—「자화상-그녀와 해방 춤을」

## 자화상8

—이광재의『늑대가 송곳니를 꽂을 때』를 읽고

햇빛의 각도에 따라 보였다

안 보였다 하는 쇠창살 너머 나무

가지 끝마다 환하다

내 손톱과 발톱에 옮겨 박혀 반짝이며

무엇을 구원하려 밝히는가

봄이면 탐스러운 꽃으로 피어나겠지

며칠 가지 않으려면서 겨우내

모든 응결凝結을 모아내는

강철 새잎보다 찬란한 꽃망울

불 밝혀 점점이 찍어 그린 점화 한 점

죽어 간 사람

살아 있는 사람

독방에 앉아 바라보는 목련나무

창살 너머 가지 사이로 보이는 푸른 창공

가끔씩 지저귀는 새

등속等屬을 생각하며 불 밝혀 그리는

자화상 한 점

점화 한 점

한 점
점

# 자화상9

막걸리 위 국물 사랑에 진정이면서도
촌닭볶음탕에 곁들인 냉이 뿌리만 안주 삼더니
벼룻돌 당겨 먹을 가는 김경주 화백

일필휘지一筆揮之
납월매화臘月梅花

"겨울 매화라기에
군자를 만나러 나갔더니
봄 들판에 바람 난 사내만 서 있더라"

김 화백 자화상은 취기에 흔들리고
지장 찍어 낙관을 대신한다
누군가 읊었던가
바람 찬 날에 꽃이여 꽃이여

# 자화상10

봄이면 산벚꽃 필 때
출사 나갔던 화순 세량지
아침 안개 걷히며 드러나는 데칼코마니 화폭
저수지 건너편 무심하게 등을 보이는 누군가 있어
대칭적으로
환상적으로
산에 갇히고 물에 갇히고
산벚꽃색과 쉼이 필요한 나그네색
물감 바른 종이를 두 겹으로 눌렀다가 편다
산에 산벚꽃 피었다
물가에 나그네 하나
세량지에도 산벚꽃 피었다

# 자화상11

인형극 주인공이 된 자화상은 복화술의 달인이다.

자세히 들여다보면 들린다.

봉인이 풀린 그림 속에서도 입술은 거의 움직이지 않았다.

그러나 같은 말만 되풀이하지 않았다.

그렇다고 장황하지 않았다.

하필 무대를 그리면서 '나만 홀로 남겨 두었나' 하면서도 폐기되지 않는 삶을 위해

입 움직이지 않고 말하는 기술을 익혀야 했다.

# 자화상12

얼마나 단풍이 붉으면
얼마나 억장이 터져 사연 많은 피가 흘렀으면
피아골인가

피아골 구례군당트*가는 날
삼홍소三紅沼에 그려진 자화상
무심코 던진 돌멩이에 이그러지고

피아골 단풍이 붉다
단풍에 물든 못이 붉다
다시 못에 비친 내 얼굴이 붉다

*구례군당 아지트(비밀 참호).

# 자화상13
—갈등


들려오는 가분수 노랫소리
거꾸로 선 음표에 눈은 내리고
오선지에 걸려드는 쫓기는 저녁


눈 내리는 소야곡小夜曲 가로등 아래
"창문을 열어다오 내 그리운 마리아"*
연인을 부르는 휘파람 소리


사부작사부작 눈은 내리고
가면에 더욱 빛을 발산하는 눈동자
님의 목소리가 슬퍼지는


정적을 깨우는 총성 소리와
뒤따라와 들려오는 세레나데
혼재되어 천상에서 부르는 아리아


* Eduardo Di capua가 작곡한 이탈리아 가곡 〈마리아 마리〉에서
  인용.

# 자화상14
―꿈에 <유쾌한 술꾼>을 보다


가공할 속도로 자전과 공전을 거듭하고 있는
지구 위에서 고속 기차를 탔다
공교롭게도 유쾌한 술꾼을 두고
기차 안에서 총격전이 벌어졌다
총알의 속도는 기차 안에서는 얼마이고
총알의 속도는 기차 밖에서 또 얼마이고
총알의 속도는 달에서 봤을 때 얼마일까
네덜란드 화가 프란스 할스(1581~1666)의 그림
〈유쾌한 술꾼〉을 보다가 동화돼 버린
술기운에 그렸을 저 눈 풀린 술꾼의 초상
대단한 애주가 할스는
마저 그리기 위해 또 한 잔을 권하고 있다
지구와 기차와 총알의
속도 계산을 머뭇거리고 있는 나에게
"세상 뭐 있어? 마시는 거지 뭐!"

## 자화상15

빈센트 반 고흐(1853~1890)의 그림 〈죄수들의 보행〉 속에서 원형을 그리면서 줄지어 걷는 죄수들이나 안양 교도소 운동장을 돌고 도는 죄수들의 운동 시간, 두 모습 모두 현대 사회를 살아가는 우리들의 자화상일까?

원래 '다 본다'라는 뜻의 판옵티콘panopticon이 적용되는 곳은 소수에 의한 감시가 효과적으로 가능한 감옥뿐만 아니라 사방팔방 CCTV에서 이젠 인공위성에서까지 촘촘히 감시하고 감시당하는 사회로 나아갔고, 결국 오늘도 감옥에서 기상나팔 소리를 들으면서 신선한 공기를 흡입할 운동 시간을 기다린다.

오죽했으면 귀를 잘라 냈을까. 높은 벽에 갇힌 고흐나 그 벽에 갇혀 멀고도 먼 출소의 날을 기다리면서 이명에 시달리고 있는 나도 고흐와 같은 정신 질환을 앓고 있는 것일까. 여섯 걸음 독방에서 인간의 모습을 한 이리가 되어 낭패의 시간을 보내면서 이명에 시달리고 있다. 귀를 잘라 버리고 싶은 심정이다.

시간은 시나브로 흘러 철창 밖 목련꽃이 다 떨어져 어느새 꽃 대신 푸른 잎들만 봄비에 흔들리고 있는데, 계속해서 몰려드는 이명과 우수에서 벗어날 그 무엇은 없을까? 봄비에 실려 오는 미풍, 창살 안에 나도 흔들린다.

# 자화상16
— 에코와 나르키소스


청린수선화淸潾水仙花* 라고
애오라지 샘물에 비친
자신만을 사랑하게 된 나르키소스
오~ 불쌍하도다
너무도 측은하구나
그 샘물에 빠져 죽은 자리에 피어난 수선화
헤라의 괘씸죄에 마지막 음절만
반복하는 무서운 형벌에 걸린 에코는
너 죽고 나 죽자는 식의 이율배반으로
나르키소스를, 물속에 비친 자신의 모습만을
뚫어지게 응시하게끔 만들어 버렸다
에코와 나르키소스는
수십 세기를 지나와 환생하여서도
남자는 쇼윈도에 비친
자신의 머리카락을 쓸어 넘기기에 바쁘고
여자는 막대풍선과 함께 울려 퍼지는
호객 행위 스피커에서 에코로 울려 퍼진다
여자는 남자를 자꾸 잡아끌어 보지만

남자는 어느새 쇼윈도 안 마네킹이 되어 버렸다
그리고 진열장에는 돌 샘물 모형과
청초한 수선화가 놓여 있었다
에코의 애절한 반복음이 거리마다
나르시시즘narcissism으로 가득 채워진
봄날이다

* 맑은 돌 샘물에 핀 수선화.

# 3부

출사出寫

# 오월, 규봉암에 오르며

이서 도원 마을에서 만난 찔레꽃
하얀 찔레꽃은 순수한 사랑
가시 돋친 너의 마음을 두고
바보같이 수행자가 되어 보고픈
신중한 사랑에 빠져 버린 길에서
알게 모르게 때죽나무 꽃향기에 취해
산행과 수행의 겸손함을 배운다
아래로 꽃이 피어 벌 나비 모여드는
때죽나무 거리를 벗어나 오르막길
헉헉대며 골고다 언덕에서
십자가를 맨 예수 그리스도를 만났다
그 십자가를 만든 나무, 산딸나무
하늘을 향해 꽃이 피어 있었다
그 희생으로 산딸나무꽃 피었다

# 두봉산에서

북가시나무 녹나무 후박나무 동백나무 구실잣밤나
무들이
독살에 갇혀 버린 섬
태초에는 한 말 가량의 땅덩어리가 솟아 있었는데,
억겁의 세월 흘러 바닷물도 줄어 섬이 만들어지고
북두칠성의 두斗가 별이 되어 버린 섬산
비 내린 뒷날, 잔잔히 때론 거칠게
실려 오는 갯내음에 설레게 된다
여기 두봉산에서,
자연의 에너지를 얻기 위해
쉴 새 없이 돌아가는 거대한 풍차도
결국 사람이 중심이었다
사람을 중심으로 운동하고 있는
세계 어느 한 곳, 여기 자은도 두봉산에서
바라보는 바다 너머 저쪽이나
하늘 너머 바라보는 우주 저쪽이나
네가 없으면 다 무슨 소용이랴
사소히 다투지 말아야지

다투다 고기잡이 나간 남편 기다리던 여인, 늦도록 멀리 바다만 바라보던 여인, 소나무에서 떨어져 죽어 버린 여인,

　거꾸로 선 자태로 변해 버린 분계해변 여인송이 보인다
　자은도 두봉산에서
　다시 한번 사람에 대한 믿음과
　세상과 맞서 싸우는데 자은도慈恩島 이름이 주는
　자비와 은혜를 잊지 말라는
　해풍의 설렘을 안고 다시 돌아가련다
　여기 두봉산

# 반야봉

지리산 하면 첫 번째로 꼽는 게
당연히 천왕봉이다
엄격한 품성과 광폭스러움을 간직한
산봉우리 아버지와 같은 천왕봉을 바라보며
매일 기도를 하는 반야봉
지리산에서는 천왕봉에서 해가 떠서
반야봉으로 진다, 반야낙조般若落照
석가는 여기 반야봉에서
만물의 본질을 이해하고
참다운 이치를 깨닫는 지혜를 얻었다
'반야, 지혜의 완성'
월매는 남원에서 지리산신께 기도하면서
왜 천왕봉이 아닌 반야봉을 택했을까
산신령이 그 정성에 탄복해서
춘향이를 점지해 주었다는데
그래서인가 반야봉은
어머니의 포근함과 넉넉함을 간직하고 있다
노루목 삼거리에서 만난

가문비나무 구상나무 신갈나무 숲을 지나면
진달래 철쭉이 펼쳐져 있고
반야봉 정상에서 만난 초원의 바람
산사람들에게 청량하고 상쾌한
득도得道의 성취감을 전해 주었다
전쟁의 상처 폭격의 흔적
비련의 주인공으로 막은 내려졌지만
오늘도 지리산에서는
천왕봉에서 해가 떠올라
반야봉으로 진다,
반야바라밀般若波羅密

# 아득하게 멀고 넓어서 끝이 없는

해남 달마산 오른다
태초에는 혼돈 자체였으리라
그러나 우연이었을까 필연이었을까
힘에 이끌려 태양계로 편입된 순간부터
어마무시한 코로나 괴질이 내뿜는 태양풍 맞이하면서
지구는 작용과 반작용의 원리를 하나씩
하나씩 배워 왔을까
골리앗과 다윗의 싸움처럼
결과를, 한 줌 흙도 안 된다는
비아냥거림을 견디어 왔을까
지구 자기장의 반발에 방전 중인
방전관 따위에서나 볼 수 있는
플라스마로 사그라지는 오로라
그 극광에서 펼쳐지는
아름다운 빛의 현혹은 잠시 저리 가라 하고
하여서 시나브로 진정된
우주의 질서, 윤슬같이
반짝이는

땅끝 완도 바다와
밤하늘의 별

## 아구사리 동산*

너의 정원에는 살아 있는 나무만 있어
우리들의 숲에는 죽은 나무도 있어
모든 나무와 숲 그림자를 밟으며
백운산 한재를 넘는다
광양에서 구례로, 섬진강 건너 하동으로
백운산에서 지리산으로 이어지는
아구사리 동산의 생명과 죽음
그리고 부활의 비나리 속에 핀
노오란 생강나무꽃을 만난다
아구사리 동산에 가면
언제나 이맘때 꽃 피어 시샘하는
눈이 내린다, 갈변褐變된
솔잎 떡갈나무잎 상수리나무잎 등등
아래 숨겨진 비문碑文에 뿌리박은
산 사람들의 식욕을 돋아 주는 꽃
산벚꽃같이 우람하지는 않지만
보일 듯 말 듯 아담함에도
샛노란 색깔과 생강 냄새로

아구사리 동산에 봄이 왔음을
세상에 봄이 시작되었음을

* 남도의 산사람들은 '생강나무'를 '아구사리'라고 불렀다. 생강나
  무에 꽃 피는 봄이 시작되면 '봄 동산'을 '아구사리 동산'으로 불
  렀다.

# 만복대 연가懸歌 1

—방상시方相氏* 출현

눈 네 개 원숭이탈을 쓰고
창과 방패로 광중壙中**의 악귀를 쫓는
방상시가 미몽에 나타나
탈을 쓰고 시간여행을 한다
만복대 구덩이에 누워 있는 사람이 있어
내가 누워 있으면 미래인 게고
아버지 할아버지 할아버지의
할아버지가 누워 계시면 과거인 게야
방상시가 속삭인다
얼릉 도망가라고
또 다른 방상시는 가만 있으라 한다
전위대前衛隊 방상시 혈투로
사방신四坊神을 모셔 올 수가 있어
동쪽에는 푸른빛이 난다
반야봉 너머 천왕봉까지 청룡이
서쪽에서는 하얀빛이 난다
산동으로 뛰어내리는 백호가
남쪽에는 붉은빛이 난다

사성암 위로 날아오르는 주작이
북쪽에는 검은빛이 난다
정령치 밤하늘에 반짝이는 현무가
날아오른다 만복대로
방상시가 황룡 타고 만복대로
날아오른다

* 지난날, 인산因山이나 지위가 높은 사람의 행상行喪에 앞서 광
  중壙中의 악귀를 내쫓는 데 쓰이었음.

** 시체를 묻는 구덩이.

# 만복대 연가2

## 반야봉 낙조

화엄경華嚴經 보호하는 화엄신장華嚴神將을 연모하는 화신花神이 있어 꽃소식 전하는 바람, 이십사번화신풍二十四番花信風, 소한에서 곡우까지 닷새마다 새로운 바람이 불어 차례로 꽃이 핀다.

화엄사에 홍매화 피었다
입춘 지나 화엄계곡 오르다 보면
산속에는 생강나무
산 밖에는 산수유 꽃망울 맺혔다
꽃 시샘하는 뒤늦은 운무에 진달래꽃 수줍어
시나브로 갈변되었는지 몰랐던 목련꽃마저
선경仙境에 가려져 꿈인지 생시인지
정신없이 올라와 바라보는 노고단 운해
저 멀리 순천만까지 구름바다
걸어 걸어 임걸령 삼거리에서 만난 길 잃은 젊은이
앞으로 짊어지고 갈 인생의 무게만큼이나

무거워 보이는 큰 배낭을 메고
내려갔던 피아골 산장에서 다시 올라와
벽소령에 걸려 있을 달을 쫓아 떠나간다
안쓰러운 바람이 불어온다
그 바람에 실려 들려오는 무전 소리
반야봉에서 맞이하는 낙조는 황홀경이라는데
전쟁이 끝나고 토벌대 물러난 지 얼마나 되었을까
꼭두서니 빛 노을로 한 폭 수묵화 그려갈 적에
여지없이 들려오는 반야봉 동굴비트 무전 소리
꽃 피어 수류탄 터지는 소리
꽃 지는 아우성 소리 들린다
여기가 화엄 세상이요
선경이로구나


## 산동 호랑이

산이 높으면 물이 맑아

뿌리 내림으로 뱉어 낸다

만복을 주시옵소서
산수유 붉은 열매 화관 씌어 주저앉힌
족자에는 하얀 호랑이 한 마리
정화수 떠 놓고
우스꽝스럽게 앉아 있다


## 용서폭포에 가보셨나요?

설악산에 가면 토왕성폭포
제주도 서귀포에 가면 엉또폭포
화순 무등산에 가면 시무지기폭포
구례 사성암 아래 가면 용서폭포
장마철 폭우나 집중 호우 때만
어마지두에 혼겁해서 쩔쩔매는 폭포들
초여름 진안 마이산 절벽에 능소화 만발하다

꽃 때리며 사정없이 쏟아지는 장관의 능소화 폭포
모두 약속 폭포다
누구는 집중호우로 억장이 무너지는데
누구는 언제 다시 볼세라
연신 카메라 셔터 눌러대는


## 정령치 넘어 바래봉으로 가자

북망산北邙山 북두칠성이 앵돌아지고
봉화 타오르던 밤새
인월引月에서는 이성계가
달을 당겨 활을 쏘아
왜구 적장 눈을 꿰니
정령치 부운치 팔랑치 모두
천고지千高地 넘어
화신만개花晨滿開 바래봉에
별 재워 꽃 핀 아침을 맞이한다

# 대성동에 복수초꽃 피었다

입춘대길立春大吉

건양다경建陽多慶

붓 들어 한 해를 시작해 본다

오늘 글씨는 대문에 붙여 놔도

눈총이야 받겠냐만

먼동이 트는 대성동

피맺힌 골짜기마다 아우성 소리 묻힌다

마냥 허허해져 버린 대성폭포 지나

낮은 포복으로 계곡을 탄다

소나무 참나무 아래 산죽 아래

부처손 솔이끼 모두 묻히는 아침

대설 주의보가 내려지면 더 심해지는

애절함을 녹이고 피어난 샛노란 꽃

무슨 한이 많아서 꽃 이름이 복수였을까

물음표 얼마 가지 않아 눈 땡그래해진 반전으로

그 꽃 다시 한번 들여다본다

복과 장수를 가져온다는 복수福壽,

넌 왜 그리도 하얀 설국에

넌 왜 그리도 노오란 꽃으로 피어난 게야
큰세개골 작은세개골 할 것 없이
하염없이 눈 내려 꽃이 묻히는 거기
무색의 대성동 복수초꽃

## 출사, 봄의 대화

여기가 시원지다
태초에는 전설의 용솟음이 있었을 터,
가막골 용소에서
붉을 단丹이 퇴색한 단풍잎을 표적 삼았더니
돌아올 회回로 돌고 도는
옛 도자기 표식에 간직되는 과거에는
전쟁과 사랑이 지나갔을 터
회문산 거쳐 지리산으로 가던 저 구름
뒤돌아서 동학군 만난 황룡강에서
영산홍 그 붉음으로
빨치산 되어 버린 그 수줍음으로
흘러 흘러 홍어가 노닐고 있는
흑산 바다 노을빛에 묻는다
"무얼 찍고 있나요?"
나는 무심하게 답한다
"봄을 찍고 있습니다."
그는 허심하다
"단위가 크구만~"

가막골 용소에서는 어두워지자

이른 개똥벌레 형螢,

별이 빛나는 형광색들이

봄밤에서 헤엄치고 있었다

# 가덕도 연대봉

바람의 언덕을 찾아 나선 소녀는 가덕도 해국과 연대
봉 쑥부쟁이에 정신이 팔려 있는 동안, 연신해서 쏟아지
는 셔터 음에 화들짝 놀란다.

화관을 쓴 피사체가 되어 버린 소녀는 사진기 메모리
창이 지나온 추억과 감정을 덧씌우듯 무작정 찾아 나선
이 가을에 담는다.

바다색으로 담는다.
하늘색으로 담는다.

그리하여 바람의 언덕을 찾아 나선 소녀는 연대連帶
를 만났다.
"조국은 하나다!"라고 외치듯 하나 된 연대, 가슴 뿌
듯한 성취감을 안겨 주는 사진이었다.
섬과 바다의 연대
해국과 쑥부쟁이의 연대
바다와 하늘의 연대

바람의 언덕에서 만난 가을의 연대, 그리고 소녀의 기
도…

# 물푸레나무

물푸레나무가 무소의 뿔처럼 꽃을 피웠습니다

때 이른 귤색이 먹음직스럽게 향기가 멀리멀리
금목서金木犀 꽃이 피었습니다

할머니 은비녀 쪽 찐 머리가 그립고, 그리워
은목서銀木犀 꽃이 피었습니다

피복 벗은 구리 전선 가냘픈 허리 잘린 휴전선에
동목서銅木犀 꽃이 피었습니다

# 사월에 깃들다

꿈을 꾸는 그대가
그대 꿈을 정녕 믿는다면
그대가 품은 공상을 그려 달라고
한 편의 하채수묵화霞彩水墨畵*는 말을 걸어왔다
서귀포 바다가 잔잔하다
노을 바탕의 팽나무가 검붉다
하늘 나는 저 새도 지는 꿈에 깃든다
모두가 아득하게 서려 든다

* 노을의 아름다운 빛깔을 그린 수묵화.

# 금산

해가 뜨고 해가 지고
그렇게 하루가 지나가고
봄 여름 가을이 가고 겨울이 오고
그렇게 해가 바뀌고
겨울은 고흥반도에서 표류하다
힘을 잃고 남태평양으로 밀려나더니
원기 충전한 전선으로 다시 북상한다
매화 전선에 이어
벚꽃 전선이 전개되던
사월 황토밭 양파도 전선을 쳐
수확의 기쁨과 노동의 대가를 안겨 주는
밭둑길마다 논두렁마다
대리석 빗살무늬로 빛나고
소록도 목 잘린 동백꽃 떠밀려 와
뒹구는 땅에는 수선화가
제주마 서울 가다 숨 돌리는 들에는 유채꽃이
깃대봉 가는 길에는 진달래꽃이
등대 비춰 섬 거리마다 벚꽃이 만발해

꽃비 내려 윤슬로 반짝이는 거금도
그곳 금산의 봄, 찬란하다

## 압해도 만월

밀려온다
숭어떼 상륙하는 시뻘건 황토밭이 옅어져
팽나무 사이로 노을 지고
덩달아 바다 사위어지자
달 떠오르고
군무群舞하던 새떼 보금자리 들었나

들려온다
주낙에 묶인 참게 빨아먹으며
정신 못 차리는 세발낙지 걷어 올리는
찰랑찰랑 조각배 소리
귀 기울여 밤하늘 바라본다

쓸려 간다
김 파래 감태 매생이
갯벌 떠나 난바다에 표류할 때
독살에 갇힌 새우 멸치 조무래기
수면 위로 솟구쳐 보는 독살어항에 뜬

저 달, 이그러지기 시작하고

기다림의 끝은 달이 다 차서
땅끝도 비추고
갯벌도 비추고
동경해 마다하지 않는 바다를 비추고
밀고 왔다 쓸고 간다

# 출사, 호랑나비를 쫓아가다

먼 옛날, 죽을 지경에 이른
장주가 꾼 꿈과 같을 것이다
호접지몽胡蝶之夢*, 내가 나비인가
나비가 나인가
자아와 외계가 구별되지 않는 정원
나비는 꽃을 쫓는데
나는 나비를 쫓는데
꽃은 나를 기다리는 것인가
나비를 기다리는 것일까
호랑나비야
날개를 펼쳐 날아 봐
파인더에 앉아 나를 감싸안아 줘
지친 나의 뷰어가 되어 줘
슬라이드에 갇히더라도
호랑나비야
날아 봐

* 장자莊子 내편內篇 제물론齊物論 맨 뒷부분에 나오는 고사성어.

# 생生, 아득하게 멀고
# 넓어서 끝이 없는

김형수(시인)

# 생生, 아득하게 멀고 넓어서 끝이 없는

김형수(시인)

### 1. 가까운 봄에

이제 봄날을 이야기하는 일이 불편하지 않다. 참기 힘든 강골 추위도 꽃샘을 터뜨리는 이유가 되었으니 말이다. 하지만 분명히, 아침이면 눈뜨기가 무섭게 '황당 뉴스'가 쏟아지던 시절이 있었다. 한번은 희한한 소란이 잠을 깨웠는데, 자그마치 '민주노총 간첩 사건'이 터진 거였다. 2023년 1월 노동자들이 간첩 행위를 했다고 압수 수색을 당하고 연행됐단다. 국정원은 민주노총 간부 네 명이 북한 공작원과 최소 다섯 차례 이상 접선하였으며, 이태원 압사 사고 추모를 기회로 정권 퇴진 운동을 전개하도록 북한이 사주했다고 밝힌 모양이다. 그야말로 AI 시대의 국민을 20세기의 황량한 매카시즘 속으로 돌려보내는 '극장판 대한 뉴스' 급의 사건이 아닐 수 없었다. 광복절 경축사조차 "공산 전체주의 세력은 늘 민주주의 운동가, 인권 운동가, 진보주의 행동가로 위장하고 허위 선동과 야비하고 패륜적인 공작을 일삼는다" 하던 자가 통치권을 휘두르던 시절이니, 틈새에 아는 이름이 끼어드는 불상사가 없었으면 나는 내막조차 살피지 않고 곧장 마음 수양 태세로 돌입했을 것이다.

　그런데 거기에 그 이름이 왜 나오지? 광주의 양기창은 앞뒤 없이 경쾌한 성품이라 음습한 공작 따위와는 도대체가 이미지 연결이 안 되는 인물이었다. 노동자이기 전에 시인이었으나 내가 시골에 박힌 지 십 년이 넘은 터라 작금의 안부를 모르고 있었다. 아는 후배에게 전화해 보니 그간 금속노조 10기, 11기 부위원장을 지내고, 전국현장조직추진위원회 의장을 맡으며, 20만 금속노조에서 비정규직 노동자 철폐를 외치며 살았다고 한다. 에구, 정말 어쩌면 좋아. 이때 나온 양기창 시집 『쏠 테면 쏘아 봐라』는 "2023년 3월 27일부터 국가보안법 위반 혐의로 수원구치소에 구속 수감된 지 8월 3일로 130일째 되었다." 하고 설명한다.

　그래도 국가 권력이 천방지축이라 현실도 마구 뒤엉기는지, 창졸간에 광주 후배 몇이 부여를 다녀갈 때 한복판에 양기창이 있었다. 능청맞은 전라도 사투리들이 술 마시며 여흥을 돋우는 풍경을 동영상으로 보여 주면 모를까 필설로는 제대로 살릴 수 없다. 이번 시집의 「자화상 14」에 네덜란드 화가의 〈유쾌한 술꾼〉 이야기가 나오는데, 양기창이 취해서 '눈 풀린' 모습처럼 신나는 장면은 없을 것이다. 인간의 얼굴에서 '통속적으로 계산하는 이성'을 완벽하게 지워 버린 실존주의적 득도得道

의 표정이 그곳에는 있다. 취중에 사람을 괴롭히는 끈적끈적한 습성 같은 건 만 리 밖으로 멀다. 그날도 노래방이 뒤집히도록 널뛰었던 바람에 나는 양기창의 수난을 깡그리 잊고 말았다. 나중에 들어 보니, 민주노총 간첩(?)들은 2024년 11월 1심에서, 한 사람은 징역 15년과 자격 정지 15년, 또 한 사람은 징역 7년과 자격 정지 7년, 나머지 한 사람은 무죄 선고를 받고, 양기창은 징역 5년과 자격 정지 5년을 받았다고 한다. 그리고 다시 깜깜이가 되었는데, 어느 날 갑자기 양기창이 SNS로 시를 한 편 보내왔다.

비행기도 떠나보내고
배도 떠나보내는
시인으로 다시 돌아가려 했던 아침이었다
모락산 위로
연착륙하려는 김포공항의 비행기가
흡사 태양의 흑점에서 나오는 것 같았다


智異風雲當鴻動
지리산에 풍운이 일어 기러기떼 흩어지니


빗점골에 가고 싶다

권총 두 자루와 한시漢詩가 적힌 수첩이

이현상 사령관 품에서 나온 날

반야봉에서는 오로라가 관측되고

흑점의 부화로 기러기떼 날아올라

벽소령에 뜬 초승달 향도 삼아 편대 비행을 한다


세상은 초승달 같아서

보이는 만큼 전부가 아니었는데

　　　　　　　　　　—「그곳에 가고 싶다」일부


　이 난데없는 안부에 반응하기도 전에 눈앞의 형상이
화폭처럼 선명해져 나는 빠져 들었다. 예컨대, 시인은 안
양교도소의 쪽창을 통해 김포공항으로 착륙하는 비행
기들을 보고 있다. 점점이 하강하는 광경이 기러기떼 같
은지라 시적 화자가 처연한 장면을 떠올리고 만다. 과거
한때 지리산에서 토벌대와 싸우던 빨치산 사령관이 흑
점의 폭발로 기러기 떼가 오로라를 흔들며 나는 걸 보
고, 와중에 수첩을 꺼내 시를 써 둔 적이 있었다. 이게 훗
날 권총 두 자루와 함께 유품으로 남았다는 사실을 알
게 된 후학이 감정이입을 일으킨 것이다. 인간은 아무
예고 없이 '찰나의 비극'과 '영원의 운동'이 직조되는 엄
청난 지점을 스치고는 한다. 시적 화자는 쇠창살 너머

로 햇빛의 각도에 따라서 보였다 말았다가 하는 목련꽃을 보면서, '아득하게 멀고 넓어서 끝이 없는' 생을 성찰한다. 이 시에서 특별히 눈길을 사로잡는 대목은 현실이 언제나 "초승달" 같아서 "보이는 만큼이 전부가 아니"라는 구절인데, 이현상도 그런 감흥으로 시를 썼듯이 시적 화자도 그런 우발성 앞에서 시를 메모하고 있다. 와, 환갑을 내다보는 양기창이 지금 '늙은 투사'처럼 정진하고 있구나!

그런데 이를 감옥에서 발송한 건 아닐 듯싶고, 석방 뉴스도 못 들은 터였다. 막연한 감정이 뭉클했으나 나는 앞뒤 자르고 그냥 소감을 밝혔다.

"기창이, 시가 좋네. 아주 잘 썼구만."

그래도 당사자는 해맑은 소년의 느낌에서 한 치도 벗어나지 않는다.

"감옥에 갔더니 책이 잘 읽혀라우. 시를 쓰려고 안 해도 저 혼자 막 나와부러요."

이 명품의 순정을 감히 어떤 정권이 망가뜨릴 수 있단 말인가. 잠시 후 항소심에서 무죄선고를 받고 풀려났다는 말을 듣고서야 나는 편하게 아는 체할 수 있었다. 그리고 옥중 시편을 묶어서 출간하되 해설을 김 모(=나)에게 부탁하라고 곁에서 부추긴다는 귀띔을 듣고, 불현듯 주마등 같은 왕년이 가슴을 할퀴는 느낌을 받았다.

이것이 내가 발문을 쓰기에 이른 경위이다.

## 2. 먼 여름 이야기

내가 대인동 시절의 '열매 없는 여름'을 처음 맛본 게 언제였더라? 기억 장치가 고장 나지 않았다면 그해는 1988년이어야 옳다. 자료를 뒤져 보니 양기창이 쓴 「나의 문학과 민주노총」[1]이라는 글에 1988년 1월 어느 날 현장이라고 들어간 곳이 '마찌꼬바'였다는 표현이 나온다. 그걸 자랑으로 삼고 '마찌꼬바' 공돌이라고 소개하던 어투가 아직도 고막에 묻어 있다. 사장 한 명에 종업원 두 명인 철공소에 '시다'로 들어가서 며칠인지 몇 달인지 일하다가 전남방직에 임시직으로 채용됐다는 말도 얼룩이 남는데, 당시에 우리가 그런 대화를 나눌 곳이라곤 '광주청년문학회'밖에 없었다.

사무실도 없이 대인동 꽃가게의 허술한 지하 창고에서 시작된 광주 청년 룸펜들의 문학적 아지트는 우리의 가장 배고픈 날의 추억이 묻힌 '청춘의 제단' 같은 곳이다. 일찍이 5·18이 없었다면 그곳은 어쩌면 조선판 '할렘 르네상스' 시대를 개막하는 극장이 됐을지 모른다. 그 무렵에 광주를 덮은 가난과 소외가 역설적으로 얼마나 많

---

1 양기창 「나의 문학과 민주노총」, (『내일을 여는 작가』, 2022년 하반기)

은 문학 생명을 길렀던가. 비 갠 뒤의 죽순처럼 하루가 다르게 새파란 재능들이 돋아나던 시절이라 잔칫집도 없는데 광대들만 넘쳐 나는 꼴이었다. 나는 일자리를 서울에 두었으면서도 틈만 나면 그곳에 가서 후배들과 어울렸다. 언제 들어도 그리운 이름 형권이, 호균이, 성국이들. 또 그 등 뒤에 딸려 온 '빈털터리'들의 글을 나중에 문예지에서 만난 사례가 몇십 건에 이르는지 헤아릴 수 없다. 그중 막내였던 양기창은 나와 아홉 살 차이가 난다. 뙤약볕을 하루만 더 쬐어도 형 노릇을 하는 나이의 인연이니 치근덕대기는 다소 어려웠을 것이다. 조성국 시인에 의하면 양기창은, 광주 학동 골목 시장의 "어머니의 김치 맛에 반해 버린 실향민 식구들 옆에서" 그와 "동생들, 이렇게 넷/어른을 빼고 팔 형제가 되어서 오순도순/어른들 일하러 나가고 형과 누나도 일하러 나가"면 "학교 갔다 오고 저녁에 모여서 알콩달콩" 뛰놀던 초등 시절에 5·18을 겪었다. 아직 정제되지 않은 그의 초기 시에는 어린 날의 삽화들이 그러나 가슴이 아리도록 새겨져 있다. "학교도 못 가게 된 것이/계엄 때문이었음을 그때는 몰랐었는데," 하는 치기도 눈물겹지만,

"길 씨 아저씨와 아주머니, 상무대 체육관 바닥에/
태극기에 덮인 아들을 두고 통곡하고 오열하고/그날

저녁" 앳된 "우리들은 부모님이 덮어주시는/ 오월의 솜이불 속에서 벌벌 떨며 뜬눈으로 밤을 지새워야" 했던 기억. "도청으로 총탄이 발사되어도/도청 뒤 우리 집까지 날아들어도/솜이불에 돌돌 말려서 괜찮을 거라며/우리가 불순분자냐?!"/총알이 뚫고 가지 못할 거라며 솜이불을 덮어주시던 어머니[2]

같은 기억은 전라도가 겪은 정치적 수난의 흔적들이 양기창의 정서적 요람임을 실감 나게 보여준다. 그리고 고교 1학년 때 여고생도 나온다는 말을 듣고 문예반에 들어갔다는 누설도 그가 민중적 가치관을 학습이 아니라 순전히 '생득'한 셈이라는 정보를 제공한다. 당시 광주에서 문학을 공부한다는 말은 작품을 써서 보여 주고 때때로 합평회를 하는 일 따위를 가리키는 게 아니었다. 바깥세상에서 인기 있는 글쓰기는 '상상력'이라는 허울 좋은 낱말을 앞세운 공상의 문학으로 취급되고, 기성 문단에서 통용되는 작품들은 이 땅의 숙명을 이해하지 못한 언어적 유희의 산물로 여겨졌다. 따라서 낭만주의적 문화 취향은 남몰래 지우고 나타나는 게 거리의 예의였다.

---

2  조성국 「무엇보다도 시詩가 동봉된 옥중편지」, (양기창 시집 『쏠 테면 쏘아 봐라』, 삶창, 2023, 134~135쪽)

집단의 체험이란 놀라운 것이다. 기성 사회가 중시하는 세속적 안정을 갈구하는 상투적인 교훈들은 광주 공동체와 병립할 수 없었다. 5·18 직후의 혼란 속에서 광주 시민들은 흡사 전쟁을 겪고 난 전후 세대의 작가들처럼 '비규범적 가치관', '부정성의 가치관'을 습득하기에 여념 없었다. 소위 산업화 사회의 기득권 세력에 대한 비판적 기능을 지성의 본질로 삼는 이 '부정성'은 소외된 도시를 가득 채운 근대 인문학의 일부이자 저항 미학의 중추로서 근본적으로 사회 구조를 바꿔야 한다는 혁명적 열정을 부과한다. 그것이 변방의 문학 정신에 미치는 영향이 적지 않았다. 당대에 알려진 유럽의 철학자 마르쿠제는 부정하는 정신, 즉 부정성이 유토피아를 실현할 대안이 될 수 있으며, 상상과 공상을 자유롭게 할 수 있는 영역인 예술이 '부정의 방법'이 될 수 있다고 말한다. 돌이켜보면 우리는 모두 그런 정서에 도취해 있었다. 프랑스의 68운동이 '5월 혁명'이라 불린다는 동질감 하나로 "십자가는 저 바리케이드 위에 있다!" 하는 구호를 얻어듣는 것이 수백 권의 독서 효과를 압도했다. 권력자들에게 관리되는 세계는 체제를 수단으로 하고, 또 그것의 안위를 목적으로 작동하는 법이니, 거기에 동의할 수 없는 자들은 체제적 가치관이 구성원의 정신을 마비시킨다는 경종을 멈출 수 없다. 그런 시절에 '광주고교생문

학연합'의 회장이 된 양기창도 '부정성의 가치관'을 자양
분으로 받아들였을 것이다. 그리고 광주 청년 문학회의
일원이 된 뒤에는 선배들과 함께 '1980년대의 광주 문학'
을 구축하는 대열에 합류할 수밖에 없었다.

　나는 기억한다. 그들에게 1980년대의 광주라는 환경
은 인간 정신의 실험실 같았을 것이다. 서부극의 총잡이
들, 중국 무술 영화의 주인공들도 광주의 룸펜들이 금
남로에서 겪었던 정치적 활극의 원체험에 비견할 만한
현실의 중압감을 안고 있지 않았다. 흡사 멧돼지가 쓸고
간 보리밭처럼 엉망이 된 거리에서 감수성이 한없이 여
린 후배들조차 훈련소를 떠난 병사들처럼 새로운 전선
에 뛰어들라는 명령을 기다려야 했다. 자기의 내면에 자
리한 상처가 아무리 깊어도 5·18은 아랑곳없이 그 시대
를 살고 그 시대를 만든 사람들에게 공동의 정신사에
참가하기를 서슴없이 요청했으니, 거리에 나오면 고등학
생들도 '현대시'라는 틀 위에서 인간 세상의 개벽을 노
래해야 한다는 당위를 피하지 못했다. 그래서 더러는 자
신들이 5·18의 영혼인 줄도 모르고, 저 눈부신 도청 전투
에 참전하지 못한 무자격자로서 한없이 우울하고 끝없
이 고통스러운 나날을 견디다가 종종 탈영병처럼 모습
을 감추기도 했다. 오래지 않아서 광주청년문학회가 준
동하여 '자주적 문예운동'의 기치를 걸게 된 맥락이 여

기에 있다.

대저, 군사독재를 물리치려면 민중운동의 전선을 지켜야 하는데, 문학 활동에 나서면 민중운동을 구성하는 계급 계층 조직을 이탈하는 모순에 처한다. 반대로 계급 계층 조직들은 문화예술 활동의 기반이 없어서 고립무원의 정치 학습만 하다가 감옥에 간다. 그러한 결과는 언제나 응달의 인내를 견딘 지도자들이 끝까지 〈늙은 투사의 노래〉를 부를 수 없게 한다. 그렇다면 계급 계층 조직에서 글을 쓰면서 소속 집단의 문화예술 역량을 높이는 진지전을 펼칠 수는 없을까? 이게 자주적 문예운동의 발상이었다. 그렇다면 문학의 전선을 일터로 옮기자! 그로 인해 꽤 많은 수가 민중운동의 현장을 찾아 기웃거리는 시기가 닥치는 바 다들 공포 속에 떨고 있는 투쟁 현장의 속살에 좀 더 밀착할 수 있는 길을 찾아야 했다. 그 같은 창조적 모험을 감내할 형편이 안 되는 이들은 저마다 대양 위에 난파된 조난자처럼 고독했으며, 이내 사회적으로나 개인적으로 동시대와 깊숙이 관계 맺지 못한다는 좌절감에 빠졌다. 그들에게 5·18은 미학적 현실에 속하지 않은 연대기처럼 보였으므로, 그것의 의미를 확대하고 지속하기 위해서 각자의 작가 수업 과정에서 어떤 변형과 각색을 거쳐야 하는지를 남몰래 고민하지 않을 수 없었다.

당시 재수생 신분이었던 양기창은 그 틈새에서 매우 의연한 길을 찾아낸 사례에 속한다. 1987년 6월 항쟁에 이은 7, 8월 노동자 대투쟁을 보면서 빛나는 현장을 발견한 것이다. "내가 활동할 장소가 학생운동만 있는 게 아니라 노동운동도 있구나!" 그리하여 존재의 거점을 '대학'이 아니라 '공장'으로 옮겨 놓는 것으로 그는 선배들이 넘어서지 못하고 끙끙 앓던 '고뇌하는 지식인의 슬픔'을 단숨에 뛰어넘어 버렸다. 세상에! 이제 막 시적 자아에 눈을 뜬 소년 하나가 삶의 진로를 '대학'이 아니라 '공장'으로 선택하는 과정은 지금의 분위기에서는 상상하기 어려운 일이다. 노동 현장에 뛰어든 사람은 책을 볼 시간이 없고, 문학에 몰두할 여건을 만들기가 어려웠다. 그런데 양기창은 씩씩하게 유인물을 돌리고 노동자 문학 교실을 준비하면서 당대 사조의 결정체라 할 '실천하는 지성'을 구가해 간다. 그리고 그것은 구체적 배경을 생략하고 보면 마치 주변 시신경을 잃은 눈동자처럼 번민의 범위를 포착하지 못하게 한다. 현실은 언제나 곤혹과 딜레마로 가득 차 있다. 생각해 보라. 5·18로 깊은 상해를 입은 자들이 그날의 암흑 그대로의 표정을 가진 문화재처럼 현실 속에 남겨져서 이전까지의 시대와 단절되어야 하는 어처구니없는 상황을 말이다. 그 속에서 개인의 실존은 숱한 순정과 연민이 하나의 실오라기처럼 연결되어서 칭칭 감겨 있는 세계를 감당하기 어려울 때가 얼마나 많은가.

그 허기진 시절에 양기창은 이웃을 마주칠 때마다 언제나 희망을 잃지 않은 인간의 얼굴이 얼마나 화사한 시가 되는지를 보여 주고는 했다. 그래서 우리는 그 무렵의 양기창이 '민중 혐오 이데올로기'를 무너뜨리는, 전선 문사의 표상 같은 존재였음을 인정하지 않으면 안 된다. 노동의 땀방울에 씻겨 나온 영혼의 밝음, 그 해맑음. 무겁지 않고 경쾌하면서도 가난한 이웃을 위해 고장 없이 작동하는 발동기 같은 가슴을 가진 청년. 그것을 양기창의 「나의 문학과 민주노총」은 유감없이 증명한다. "용접과 판금 일을 대가리 터져 가면서" 배우는 동안에도 청년문학회와 광주문화운동협의회에서 부대끼며 철학, 창작방법론, 문예운동론을 학습하는가 하면 노동운동의 길잡이 학습과 노동자 문예 대중화 사업도 준비하였다. 양기창의 회고에 나오는 다음과 같은 책 이야기도 그런 성과 중 하나이다.

도서출판 녹두에서 청년문학회가 '조직창작의 새 시대를 선포한다!'는 기치를 내걸고 공동창작한 시, 소설, 보고문학 등을 묶어 녹두문예1 로 출간하였다. (…) 그때 실렸던 내 단시 「망치를 든다. 철규

야」는 그 다음 해 『민주조선』 두 번째 호에 실리기도
했었다.[3]

그러나 다시 기억해 둘 사실은 그렇게 우정을 쌓던 친
구들이 세파에 시달리느라 마치 전쟁통에 손을 놓친 형
제들처럼 뿔뿔이 흩어지던 시절에도 양기창은 가지에
남는 마지막 이파리가 될 수 있었다는 점이다. 빈 들에
선 나무처럼 제 자리를 사수하는 위대함은 근시안적 평
판에서는 흔히 외면되기 마련이다. 양기창은 공장을 몇
번 옮기면서 광주 전체가 투쟁에 돌입할 때는 손가락 수
술과 손 깁스를 한 상태에서도 시내 전역에 대자보를 부
치고, 광주 지역 노동운동을 위해 '노동자 문학 교실'을
준비할 때도 앞장서 있었다. 그런 결과로,

나의 문학에서 민주노총은, 노동운동의 길을 걸어
가기 시작하면서 숙명으로 만들어진 결과물이다. 노
동자 문예운동 또한 문학의 길로 걸어가기 시작하면
서 함께 할 수밖에 없었던 운명이었던 것 같다.[4]

---

3  양기창 「나의 문학과 민주노총」, (『내일을 여는 작가』, 2022년
   하반기)

4  앞의 글

앞의 글에 이르기까지 그가 발바닥으로 쓴 행장은 한 편의 드라마 같지 않을 도리가 없다.

## 3. 우주의 가을

지금 내가 펼치는 발문의 제목을 「生, 아득하게 멀고 넓어서 끝이 없는」이라고 정하는 것은 동일 제목을 가진 양기창의 시 때문이다.

태초에는 혼돈 자체였으리라
그러나 우연이었을까 필연이었을까
힘에 이끌려 태양계로 편입된 순간부터
어마무시한 코로나 괴질이 내뿜는 태양풍 맞이하
면서
지구는 작용과 반작용의 원리를 하나씩
하나씩 배워 왔을까
골리앗과 다윗의 싸움처럼
결과를, 한 줌 흙도 안 된다는
비아냥거림을 견디어 왔을까
　　　―「아득하게 멀고 넓어서 끝이 없는」 일부


신통한 일이다. 세계의 크고 작은 동작들은 언제나

관계망에 얽힌 생명체들의 연약한 감정과 마찰하면서 소음을 낳는다. 그래서 모든 '비아냥거림'은 항상 찰나에 속하며 '운동'은 영원을 지탱한다. 만물이 이렇게 방황하면서 작동하는 현상을 양기창이 감옥에서 사유하는 장면은 내게 그간의 세월이 세상에 일으킨 변화의 크기에 관해 생각하게 한다. '어마무시한 코로나 괴질'을 통과하면서도 지적 긴장을 잃지 않고 존재의 패러다임을 수정해야 하는 낯선 도전 속에 모두는 놓여 있다. 이럴 때 구한말의 도인 강증산은 생태 질서가 재편되는 지점을 '우주의 가을'이라고 말한 적이 있다. 예컨대, 과거에 힘의 크기로 서열화되었던 양陽의 세계는 조만간 화해의 질서로 조화를 얻는 음陰의 시대로 옮겨 가야할 것이다. 여기에 대처하는 노동계급이자 지식인으로서 양기창은 「다시 이명」의 화자 같은 모습으로 독자 앞에 나선다.

두손 오므려 닫는 귀
겨울이 시려
의식하면 반드시 찾아오는
소라고동 속 파랑보다 더 빠른 이명의 주파수를 헤
아려 보는데
도저히 측정되지 않는

설날 아침의 n헤르츠

교도소 떡국 먹을 때는 멈춰 있었던 것 같아

그 주파수 의식하니 다시 살아나

매미 소리보다 훨씬 더 적은 간격으로 울린다

아니 들린다

아니 울린다

아니 모르겠다

—「다시 이명」 일부

　바야흐로 그는 무엇에 규정당하지 않는 갈림길에 서 있다. 자기의 신체가 경험하는 바를 알 수 없는 상태는 새로운 정체를 찾아가는 과도기적 증상의 은유로 보인다. 그러나 나는 이 같은 작품 한 편보다 오히려 시 전편의 행간에 흐르는, 인간 삶의 온전한 크기를 놓치지 않으려는 그의 태도에 주목하길 바라고 있다.

　본문은 크게 3부로 구성돼 있는데, 소재를 대면하는 방식이 다를 뿐 작품 세계의 차이는 없어 보인다. 다만 '옥중 수고'에 속하는 1부는 '감옥'의 일상을 그리는 까닭에 대상과 긴장을 유지하는 강도가 훨씬 또렷하다. 국가 권력은 통제하고 사회적 약자는 생명의 약동을 포기하지 않으니 어떤 시대이건 전선이 없을 수 없다. 양기창은 항용 불평등과 싸우는 사람이니, 기득권 세력

과 가치관의 충돌이 일어나는 건 당연하다. 그래서 "예
전에는 빨간 명찰도 있었다지/사형수와 빨갱이에게 붙
였다지/나는 하얀 명찰"(「노란 명찰」)을 단 채 "내란 세
력의 망월동 참배를/광주 시민들이 막았다는 뉴스를
어젯밤 접하면서/잠이 들었는데 눈물을 얼마나 흘렸는
지/비련의 비를 맞고 있었다"(「오월비」) 그런데 폭력과
대결하는 그의 언어가 예전 이데올로기에 의존해 있지
않다는 데에 그간의 시와 차별성이 있고, 또 역대 민중
운동사에 출현한 노동 시의 이념과도 변별점을 만든다.
그것을 암시하는 2부 '자화상' 연작에 배치된 다음의 시
는 그가 최근에 맞서 있는 전선이 어디인지를 명료하게
드러낸다.

독방에서 길을 잃고 길을 찾는 이여
완전한 고독은 외롭지 않다, 하는가

아침 점심 저녁 때 되면 "배식" 하고 외치는
사소의 밥 주는 소리
오전 오후 "식수" 하고 외치는
사소의 물 주는 소리

독방 배식통으로 밥과 물을 받는

외롭지 않은 나의 자화상이여

—「자화상5」 일부


　이 쓸쓸한 성찰 시의 마중물을 제공한 장욱진 화백의 토로처럼 "대자연의 완전 고독 속에 있는 자신을 발견한 그때의 내 모습"에 빠진 상태, 즉 체제에 휩쓸리지 않으려는 저항적 가치를 유보하는 경우를 예전에는 '소시민적'이라고 폄훼했다. 정치 바깥에서 숨 쉬는 존재는 없다. 까닭에, 싸우는 자는 불가피하게 사회적 관계의 내부에서 충돌할 수밖에 없으므로 말이 되든 안 되든 저항의 문법을 따르다가 끝내 방법을 찾지 못하면 사회 병리학적 한탄이나 정치적 구호로서 미학을 대신했다. 그러나 지금 목도되는 양기창은 시야가 커지고 사유의 폭이 넓어져서 전혀 다른 양상을 보인다.


　새벽녘 우연히 보았던 삼각형 꼭짓점

　그 별을 보고 나서는

　그 별이 이끄는 대로 나아가고자 했다

　(…)

　별은 보이지 않는데

　자꾸 별이 이끄는 대로 가고자만 하는가

—「별이 이끄는 대로」 일부

이건 인간 중심주의라는 한계를 지닌 '근대 휴머니즘'
과 다르고, 인간만이 행위자였던 기존의 유물론과도 다
르다. 반면에 경직된 질서에서 빠져나온 부드러운 사유,
연성화된 언어들이 합리성 너머에 있는 생명의 여백과
접촉한다. 이는 노동운동가에게 절대 명제와 같은 계급
해방의 가치관이 아직도 유의미한지 다시 돌아보게 한
다. 그리고 그러한 태도가 후퇴나 퇴각이 아니라 원대한
반성과 모험을 동반하는 약진으로 느껴지는 순간 독자
는 전혀 다른 시선을 기대하지 않을 수 없다. 굳이 감옥
이 아니라 하더라도 그는 깜깜한 어둠 속에 앉아 있다.
그런데 동지도 없이 촉수만 깨어 있는 밤에 구상하는
투쟁이 어느 순간 참선에 이르게 되는 경이로운 현상은
어디에서 생겨난 걸까?

　　　공양간 고양이들 앙칼지게 다투는 소리
　　　불사의 시작을 알리는 노승의 죽비 소리

　　　세상을 구원하려 하느냐
　　　……
　　　세상을 어떻게 구원하려 하느냐
　　　……
　　　역사를 되돌릴 수는 없지만 복기復棋할 수 있는 것

아니냐

—「안양암安養庵에서 맞는 새벽」 일부

목청은 낮고 고요하지만, 정진하는 세계는 놀랍도록 치열하다. 불가의 교양과 도가적 상상력이 망라될 만큼 한없이 깊고 커진 것인데, 그 원인이 나는 사회구성체를 고민하던 단계에서 문명의 성격을 사유하는 차원으로 확장된 데 있다고 본다.

한 걸음 떨어져서 보면, 이 같은 변모의 충동은 일견 근대 문명의 한계를 넘고자 하는 최근 시인들의 미학적 발화점과 어깨를 나란히 한다. 가령, 근대 혁명론에는 인간과 대지의 관계가 생략돼 있었다. 오직 인간만이 행위자이며 여타 물질은 수동적인 객체로 떠밀리는 터라 새로 제기된 문명의 위기 앞에 제도 변혁의 힘이 속수무책이 된다. 그래서 주목하게 된 거대 실체를 인류세라 하는데, 이 시대는 지질학적 행위자인 인간에 의해 비정상적으로 변이된 자연의 상황을 극복하기 위한 사유를 적극적으로 요청한다. 따라서 기존의 인식론을 넘어서려는 영적 소통, 개벽과 같은 신유물론 따위의, 21세기 사상의 최전선을 이루는 개념들이 등장하는데 이는 모두 절대 이성의 극복에 관심을 둔 결과이다. 그러나 눈앞의 소묘에 급급한 최근 시인들의 미학적 경향이 몰두하는

이 '인간과 물질의 경계 지우기'는 애초에 근대 문명의 인간 숭배가 빚은 착시일 뿐 이른바 지상의 모든 삶이 저지르던 '보편의 현상'이 아니다. 그래서 새로워 보이는 시적 의지들이 인간과 기계, 인간과 다른 생명체 사이에 전제된 불평등한 위계를 지우려 하더라도 그곳에서 '대지적 생명의 온전성'이 확보된다는 보장은 어디에도 없다. 나는 이 지점에서 양기창이 지난날의 인고를 통해 습득한 두 개의 비상구가 갖는 저력과 전망을 평가받아야 한다고 본다.

먼저, 이번 시집에서 두각을 나타낸 양기창의 영적 움직임은 고향에 대한 그리움을 통해 신성의 크기와 깊이를 제공한다.

> 지금은 상상할 수 없는 동네 풍경
> 강은 무등산 중머리재 약수터에서 발원해
> 너릿재 아래를 끼고 돌아 소태동으로 흘러
> 광주천에서 은어 찾는 학 날아다녔다
> 나의 살던 고향은 학동鶴洞
>
> 은어는 삼거리에서 잘 헤어졌을까
> 한 무리는 황룡강 지나 내장산 사자봉 아래
> 남창 계곡으로 잘 갔을까
>
> ─「나의 살던 고향은」 일부

마음의 안정과 평화를 보장받을 땅을 필요로 삼는
게 인간만은 아니다. 언젠가 신동엽이 "이 세상에 나온
것들의 고향을 생각했다" 노래했듯이 지상에 출현한 모
든 물체는 존재의 심연을 이루는 터전이 따로 있으나, 21
세기의 인류는 대부분 그 흔적에 감응하는 기관조차
퇴화해 버렸다. 그러나 삼라만상은 생존을 위해 떠나온
시원의 거점을 그리워하고, 지상은 그런 연민들로 가득
찬 영적 파도가 한없이 물결치며 개별 생명체들의 감정
을 마구 흔든다. 양기창이 3부 '출사' 편에서 제시하는
「물푸레나무」도 그의 카메라 앵글이 포착한 대지의 풍
경에서 '한 존재'의 내면을 구성하는 것들이 무엇인지를
보여 준다.

　　　　물푸레나무가 무소의 뿔처럼 꽃을 피웠습니다


　　　　때 이른 귤색이 먹음직스럽게 향기가 멀리멀리
　　　　금목서金木犀 꽃이 피었습니다


　　　　할머니 은비녀 쪽 찐 머리가 그립고, 그리워
　　　　은목서銀木犀 꽃이 피었습니다


　　　　피복 벗은 구리 전선 가냘픈 허리 잘린 휴전선에

동목서銅木犀 꽃이 피었습니다

—「물푸레나무」 전문

겸허해라. 그의 언어는 불필요한 표정을 짓지 않고, 쓸
모없는 수사를 남발하지 않는다.

다른 하나는 양기창이 이런 '영적 감수성'을 반드시
노동하는 자의 세계에서 개진한다는 점인데, 이는 세상
이 아무리 가파르게 변하더라도 여전히 노동하는 인간
의 감정이 전략과 전술로 가득 찬 사바세계의 언어를 정
화하는 원천이 된다는 사실을 보여 준다. 평생을 몸으로
견디면서 살아온 자에게서 솟구쳐 나온 땀방울 같은 언
어의 힘을 보라.

마당귀 심어 놓은 물앵두나무에 꽃이 터졌을까
이맘때였던 것 같은데 가늠이 되지 않는다
춘분이 지나서였던 것 같은데
청명까지는 아니었어
괜한 꽃 터지는 걱정을 하고 있던 독방
오늘따라 저기압으로 방 안 공기가 많이 눌린다
눌리면 눌릴수록 압축이나 되겠지만
팽창의 성질은 어디 갈 것이냐
반드시 "빵" 하고 터질 것이다

물앵두꽃 터지듯이는 아니겠지만

—「춘분 지나」 전문

    진실한 말은 화려하지 않고, 꾸밈이 많은 말은 다소
곧하지 않다. 양기창의 시는 담백하여 도대체가 엄살이
없는 성격을 창조한다. 그리하여 경직된 관념의 도식에
서 벗어나면서 여전히 질곡을 낳고 있는 당대의 문명을
정조준하여 세상의 소란 너머에 있는 만남과 이별, 사랑
과 그리움으로 출렁이는 마음들을 전한다. 생명의 총체
를 중시하는 이런 자질은 아무래도 마을 공동체의 문화
적 산물이 아닐 수 없는데, 1980년대 중반인가? 『공동
체 문화 1권』이 소개한 인디언 활동가의 발언에, 근대 인
문학을 이끄는 사상가들이 각자 인간 존재의 영성을 한
조각씩 떼어내어 그것을 어떤 규칙, 어떤 추상으로 개조
해 버렸다고 충고하는 내용이 나온다. 이런 건 지구촌
곳곳의 토착 정신사에 보석처럼 박혀 있는 지혜의 원천
들인데, 우리는 바쁘게 지나오느라 놓치고 말았다.

    돌이켜 보면, 여기에는 다시 구차스러운 생의 편린을
과연 탁월한 언어의 마술로 꿰어서 이승의 영토를 재조
직하고 있는가 하는 질문이 남는다. 시를 읽을 때 낯선
시대를 이끌어 갈 탄력 있는 리듬의 힘줄을 느낄 수 없
다는 아쉬움도 있다. 그러함에도 이 시편들을 싣고 가

는 정서적 흐름은 최근 문단의 '작은 별'들이 신상품처럼 출시하는 새로운 정신 사조로서 '인류세의 응답'들을 한참 뛰어넘는다. 그리고 이 같은 문단의 낡음을 확인하는 것은 여러 가지로 긴장을 부르는 상황이면서 다시금 창조적 열정을 건드리는 일이다.

## 4. 다시 겨울 앞에서

고작 시 몇 편을 읽으면서 까마득히 멀어져 간 시간을 되불러 오게 하는 건, 지금에 와서는 하찮아 보이기까지 하는 문학의 위대한 능력에 속한다. 그래서 쓸모없는 사감일망정 나도 기회가 온다면 한 번쯤 젊은 날에 소모한 열정의 뒤끝에 관해 뭔가 발설하고 싶은 욕심이 없지 않았다. 가령, 공부하다 들켜도 붙잡혀 가던 시절에 절박했던 숨 막히는 방황들이 지금은 죄다 쓸모없는 시간처럼 보이기도 한다. 그것이 나 같은, 한때 누군가의 선배이거나 후배였던 자들에게 미친 영향을 이제라도 꺼내 놓고 짚어 보지 않을 수 없다. 당시 우리 세대에게 모범을 보인 김남주는 감옥에 있고, 우리 또래의 영향을 받는 '양기창'들은 펄펄 살아서 저잣거리를 누비고 있었다. 그 앞에 선비 같은 모습으로 앉아 있어야 하는 '선배 됨의 조심스러움'은 당시에도 역시 설명하기가 쉽지 않았다. 나는 그 앞에서 체화되지 않은 정의감을 과시해도 안 되고 세상사를 함부로 아는 체해도 안 되었다. 특히 내가 옳다고 생각하는 의견을 함부로 주장했다가는 양기창이 그 말을 듣고 에누리 없이 실천해 버리는 난처한 상황을 맞을 수도 있었다. 그리고 그에 대한 일말의 책임감은 세월이 많이 흘러서도 전혀 수정되지 않는다.

그런 거추장스러운 자의식이 원인이 됐는지 모르겠다. 나중에 광주를 이탈한 후에도 나는 어쩌다 그곳에 가면 마음 한쪽이 어두워지곤 했었다. 현실 세계에서는 특정 어휘군 전체가 소멸하기도 하고, 새로운 어휘 체계가 탄생하기도 한다. 옛 가치관은 전복되고 내일의 세계로 통하는 안락한 길은 어디에도 없다. 그 틈바구니에서 정직하게 세계를 만나는 건 얼마나 어려운 일인가? 하지만 한국 현대사의 무거운 주제들을 안고 씨름하는 도시, 광주에서는 문학적으로 뛰어났던 후배들도 하나같이 과도한 등짐을 지고 몸부림을 치느라 이른 나이에 허리가 굽은 일꾼들처럼 겉늙은 모습을 보이기가 일쑤였다. 온갖 '반짝반짝 빛나는 작은 별들'로 가득 찬 세상에서 그곳의 삶은 언제나 '현실 견디기 용'으로 전환된 가난한 아버지들처럼 술좌석에나 앉아야 위로를 주고받을 수 있었다. 욕망도 좌절도 쉽게 드러내지 않는 허술한 술좌석이 그러나 한 정신을 형성하며 흐르고 있다는

걸 내가 느끼는 때는 간간이 출간되는 조성국의 시집이
나 김호균의 시를 읽을 때였다. 그들은 늙은이들처럼 흥
분하지 않고도 자신의 일상에 간직된 구수한 음악을 찾
아내어 오늘의 자리에 되돌려준다. 양기창의 시에도 그
런 분위기가 제대로 살아나는 장면이 나온다.

막걸리 윗국물 사랑에 진정이면서도
촌닭볶음탕에 곁들인 냉이 뿌리만 안주 삼더니
벼룻돌 당겨 먹을 가는 김경주 화백

일필휘지 一筆揮之
납월매화 臘月梅花

"겨울 매화라기에
군자를 만나러 나갔더니
봄 들판에 바람 난 사내만 서 있더라"

김 화백 자화상은 취기에 흔들리고
지장 찍어 낙관을 대신한다
누군가 읊었던가
바람 찬 날에 꽃이여 꽃이여

—「자화상9」 전문

이 운치, 수많은 긴장과 허탈이 스며든 그림 한 폭을 5·18 후의 광주를 모르는 이들이 이해할 수 있을까? 그래도 그 속에 담긴 케케묵은 유산을 모르쇠하지 않고 현대 노동운동의 현장에서 복구해 가는 양기창의 건재는 우리가 방치한 허전한 과거사에 얼마나 큰 위안으로 남는지 모른다. 과거 한때 몸부림쳤던 자리를 우리가 잊을 수는 있어도 지울 수는 없다.

끝으로, 과거의 순간이 아름다웠다고 해서 그 자리에만 머물 수도 없다. 기쁘거나 행복했던 자리로 돌아갈 수도 없다. 오직 내 육신이 놓여 있는 자리, 내게 유일한 숨통처럼 붙어 있는 '현재'만이 과거를 해석하고 미래를 선택하는 역동적인 터전인 '나'의 전 인격적 결단이 이루어지는 장소이다. 그래서 발문의 결말 삼아 한마디 남기지 않을 수 없다. 시라는 구축물은 세월이 아무리 난폭해도 변화시키지 못한 순정의 흔적들 위에 세워진다.

청년 시절 노동 현장으로 뛰어들었던 순간, 교도소 작은 쪽창에서 더 넓은 세상을 향해 마음을 열 때, 그는 노동하며 실천하는 매 순간 시의 싹을 틔울 맹아를 서서히 준비하고 있었다. 그로 인해 일견 평이해 보이는 양기창의 언어들은 근대적 사유의 산물인 '데생'이 아니라 '마음'을 포착하는 데 중점을 둔다. 주목할 것은 이

'마음의 움집'이 미지의 세계를 향하여 창을 열어 보인다는 점인데, 여기서 발견되는 사유의 알곡들이 양기창 개인의 위상을 넘어서 장차 민중의 영혼을 감당할 새로운 노래들의 씨앗이 될지 모른다는 사실이다. 고로 결론 삼아 요약하는즉, 계몽 이전에는 자연이 인간을 지배했는데, 계몽의 결과로 인간이 인간을 지배하는 시대가 되었다. 그러나 그러한 계몽의 결과로써 인간의 이성은 자유와 희망의 기치를 올리는 대신에 '계산하는 이성'의 길을 따라 한사코 달아난다. 그와 함께 지식인은 거침없이 '도구적 이성'으로 전락한다. 이 시집은 그런 방탕에 대한 노동자 시인의 반발이다. 아마도 이 우정 어린 저항에 양기창의 '존재 이유'가 있을 것이다.

아득하게 멀고 넓어서 끝이 없는
2025년 9월 19일 1판 1쇄 펴냄

| | |
|---|---|
| 지은이 | 양기창 |
| 펴낸이 | 김성규 |
| 편집 | 조혜주 최주연 권은하 |
| 디자인 | 신혜연 |
| 펴낸곳 | 걷는사람 |
| 주소 | 경기도 용인시 기흥구 동백중앙로 358-6, 7층 (본사) |
| | 서울 마포구 월드컵로16길 51 서교자이빌 304호 (지사) |
| 전화 | 031 281 2602 / 02 323 2602 |
| 팩스 | 02 323 2603 |
| 등록 | 2016년 11월 18일 제25100-2016-000083호 |

ISBN 979-11-7501-009-3 04810
ISBN 979-11-89128-01-2 (세트)